Herbert Goebes

Vorbereitung auf die Abschluss- und Zwischenprüfung

Wirtschafts- und Sozialkunde

für kaufmännische und kaufmännisch-verwandte Berufe

situationsbezogen

**376 programmierte Übungsaufgaben
36 Aufgaben im Prüfungsübungssatz**

7. Auflage

Bestellnummer 80003

Bildungsverlag EINS

Haben Sie Anregungen oder Kritikpunkte zu diesem Produkt?
Dann senden Sie eine E-Mail an 80003_007@bv-1.de.
Autoren und Verlag freuen sich auf Ihre Rückmeldung.

www.bildungsverlag1.de

Bildungsverlag EINS GmbH
Hansestraße 115, 51149 Köln

Abbildungen: dpa infografik, Frankfurt

ISBN 978-3-441-**80003**-3

Vorwort

Diese Broschüre umfasst eine prüfungsrelevante Auswahl von insgesamt 376 programmierten Übungsaufgaben speziell für das alle kaufmännischen und kaufmännisch-verwandten Berufe betreffende Prüfungsgebiet „Wirtschafts- und Sozialkunde". Damit können Sie sich ganz gezielt nach den neuesten Prüfungsanforderungen auf die schriftliche Abschlussprüfung, aber auch schon auf die Zwischenprüfung vorbereiten.

Wesentliche Gesichtspunkte für Inhalt und Aufbau der Broschüre:

▶ Die situationsbezogenen Aufgaben entsprechen den **aktuellen Prüfungsanforderungen** der Industrie- und Handelskammern.

▶ Der Band berücksichtigt alle vorkommenden **Aufgabentypen**: Mehrfachwahlaufgaben, Zuordnungsaufgaben, Reihenfolgeaufgaben, Aufgaben in Offen-Antwort-Form.

▶ Die Lösungstechnik der verschiedenen Aufgabentypen wird anhand der **Musteraufgaben** erläutert.

▶ Die **Lösungen** zu allen Aufgaben sind am Ende der Broschüre aufgeführt.

▶ Das **Sachwortverzeichnis** ermöglicht ein schnelleres Auffinden der Aufgaben zu einzelnen Themen. Die Broschüre ist dadurch bei der Prüfungsvorbereitung auch als Nachschlagewerk verwendbar.

▶ Der prüfungsnahe **Übungssatz** mit 36 Aufgaben (60 Minuten Bearbeitungszeit) unterstützt Sie letztendlich noch einmal ganz konkret in Ihrer Prüfungsvorbereitung.

Wir wünschen Ihnen bei der Arbeit und für die Prüfung viel Erfolg!

Inhaltsverzeichnis

Musteraufgaben und Bearbeitungshinweise

Bei den programmierten Aufgaben kommen verschiedene **Aufgabentypen** vor. Entsprechende Beispiele finden Sie bei den folgenden **Musteraufgaben**. Für die Lösung eines Teils der Aufgaben sind die daneben stehenden **Gesetzestexte, Zeitungsausschnitte, Grafiken** u. Ä. notwendig. Ausnahmsweise können auch **Negativfragen** gestellt werden. Sie sind durch **Unterstreichung** kenntlich gemacht.

Mehrfachwahlaufgaben

Dieser Aufgabentyp ist dadurch gekennzeichnet, dass Antwortalternativen vorgegeben sind, von denen eine oder mehrere richtig sind. Insbesondere bei den **Mehrfachwahlaufgaben** kommen verschiedene Formen der Aufgabenstellung vor.

Mehrfachwahlaufgaben mit aufgabenübergreifenden Situationen

Situation zur 1. und 2. Musteraufgabe

Sie sind Mitarbeiter in der Büromöbel GmbH. Die Büromöbel GmbH verstärkt ihren Markteinfluss durch den Zusammenschluss mit anderen Büromöbelherstellern mit Erfolg. Es werden auch gemeinsame Werbemaßnahmen durchgeführt.

---

1. Musteraufgabe

Prüfen Sie welchen Einfluss die stärkere Marktstellung bei der Büromöbel GmbH auf die Preisgestaltung hat.

1. Sie kann jetzt jeden beliebigen Preis verlangen.
2. Es ist ihr jetzt möglich, den Preis zu verlangen, bei dem sie den größten Gewinn erzielt.
3. Sie kann nur den vom zuständigen Fachverband empfohlenen Preis verlangen.
4. Sie kann nur den „Gleichgewichtspreis" verlangen, der sich bei vollkommener Konkurrenz bildet.
5. Sie braucht bei der Preisfestsetzung jetzt weniger Rücksicht auf die Konkurrenz zu nehmen als seither.

---

2. Musteraufgabe

Stellen Sie fest, in welchem Fall die Büromöbel GmbH am ehesten Preiserhöhungen durchsetzen kann.

1. Die Zinsen für Privatkredite steigen.
2. Die Konkurrenz senkt die Preise.
3. Es kommen neue Anbieter auf den Markt.
4. Die Nachfrage nach Büromöbeln steigt unter sonst gleichen Marktbedingungen.
5. Ausländische Unternehmen kaufen deutsche Büromöbelhersteller auf.

Mehrfachwahlaufgaben mit Gesetzestext

3. Musteraufgabe

Sie sind Mitglied der Jugend- und Auszubildendenvertretung (JAV) der Metallbau GmbH. Der Betriebsrat behandelt in seiner nächsten Sitzung laut Tagesordnung auch Fragen der Berufsausbildung.
Prüfen Sie unter Berücksichtigung der Bestimmungen des Betriebsverfassungsgesetzes, welche Regelungen hinsichtlich des Teilnahme- und Stimmrechts der JAV gilt.

1. Die JAV braucht an der Sitzung nicht teilzunehmen, weil der Betriebsrat die JAV schriftlich über die Ergebnisse informieren muss.
2. Die JAV muss an der Sitzung nicht teilnehmen, da sie Fragen der Ausbildung direkt mit der Geschäftsleitung bespricht.
3. An der Sitzung mit Tagesordnungspunkten zur Berufsausbildung hat die gesamte JAV nur ein Teilnahmerecht. Stimmrecht hat nur der/die JAV-Vorsitzende.
4. An der Sitzung zu diesen Tagesordnungspunkten hat die gesamte JAV ein Teilnahme- und Stimmrecht.
5. Eine Teilnahme aller JAV-Mitglieder ist rechtlich nicht vorgesehen.

> **Betriebsverfassungsgesetz (Auszug)**
>
> **§ 60. Errichtung und Aufgabe.** (1) In Betrieben mit in der Regel mindestens fünf Arbeitnehmern, die das 18. Lebensjahr noch nicht vollendet haben (jugendliche Arbeitnehmer) oder die zu ihrer Berufsausbildung beschäftigt sind und das 25. Lebensjahr noch nicht vollendet haben, werden Jugend- und Auszubildendenvertretungen gewählt.
>
> (2) Die Jugend- und Auszubildendenvertretung nimmt nach Maßgabe der folgenden Vorschriften die besonderen Belange der in Absatz 1 genannten Arbeitnehmer wahr.
>
> **§ 67. Teilnahme an Betriebsratssitzungen.** (1) Die Jugend- und Auszubildendenvertretung kann zu allen Betriebsratssitzungen einen Vertreter entsenden. Werden Angelegenheiten behandelt, die besonders die in § 60 Abs. 1 genannten Arbeitnehmer betreffen, so hat zu diesen Tagesordnungspunkten die gesamte Jugend- und Auszubildendenvertretung ein Teilnahmerecht.
>
> (2) Die Jugend- und Auszubildendenvertreter haben Stimmrecht, so weit die zu fassenden Beschlüsse des Betriebsrats überwiegend die in § 60 Abs. 1 genannten Arbeitnehmer betreffen.

Mehrfachwahlaufgaben mit Zeitungsausschnitt

4. Musteraufgabe

Prüfen Sie, welche Feststellung über Streiks sich <u>nicht</u> aus dem unten stehenden Presseartikel ableiten lässt.

1. Nach Aussage des Arbeitsministeriums verliert die deutsche Wirtschaft im europäischen Vergleich durch Streiks wesentlich weniger Arbeitsstunden als andere Länder der Europäischen Union.
2. Die Arbeitskämpfe in Deutschland hatten in den vergangenen zehn Jahren keine große wirtschaftliche Bedeutung, wie das Arbeitsministerium auf Anfrage mitteilte.
3. Nach Berechnungen des Instituts der deutschen Wirtschaft sind 2007 mehr als 580 000 Arbeitsstunden aufgrund von Streiks ausgefallen.
4. Der Fachmann für Arbeitskämpfe im Institut der deutschen Wirtschaft, Hagen Lesch, hält den vom Arbeitsministerium geführten Vergleich mit europäischen Nachbarländern für kaum aussagekräftig.
5. Die Zahl der Streiks in Frankreich, so das Institut der deutschen Wirtschaft, liegt unter denen in Deutschland, wenn man die politisch motivierten Streiks, die nicht Folge von Tarifkonflikten sind, herausrechnet.

> **Immer mehr Arbeitstage gehen durch Streiks verloren**
>
> Die deutsche Wirtschaft verliert im europäischen Vergleich nur sehr wenige Arbeitsstunden durch Streiks. „Auch im Jahr 2006, in dem im Vergleich zu den Vorjahren mehr Arbeitstage verlorengingen, lag Deutschland deutlich unter dem Durchschnitt der Europäischen Union", heißt es in der Antwort des Arbeitsministeriums auf eine Anfrage der FDP. Die Arbeitskämpfe in Deutschland hätten in den vergangenen zehn Jahren eine nur sehr geringe gesamtwirtschaftliche Bedeutung gehabt. Das Arbeitsministerium musste jedoch eingestehen, dass es die Höhe der durch Streiks verursachten volkswirtschaftlichen Schäden nicht beziffern könne, da „die hierfür notwendigen Angaben nicht verfügbar" seien. Allerdings fällt in den Statistiken auf, dass in den beiden vergangenen Jahren überdurch-schnittlich viele Arbeitstage den Arbeitskämpfen zum Opfer fielen. Allein 2007 sind nach Berechnungen des arbeitgebernahen Instituts der deutschen Wirtschaft (IW) mehr als 580 000 Arbeitstage aufgrund von Streiks ausgefallen. Ausschlaggebend seien vor allem die Arbeitsniederlegungen bei der Telekom und der Deutschen Bahn gewesen, sagte der IW-Fachmann für Arbeitskämpfe, Hagen Lesch. Auch der in der Antwort des Arbeitsministeriums geführte Vergleich mit den europäischen Nachbarländern sei kaum aussagekräftig. Denn in Ländern wie Frankreich oder Spanien gebe es viele politisch motivierte Streiks, die nicht Folge eines Tarifkonflikts seien. Rechne man diese heraus, sinke die Zahl der Streiks in Frankreich unter jene in Deutschland. mmue.

Quelle: Frankfurter Allgemeine Zeitung vom 29. Juli 2008, mmue

Mehrfachwahlaufgaben mit Grafik

5. Musteraufgabe

Die Zukunftsprobleme der Rentenversicherung hängen u. a. mit dem Geburtenrückgang und dem ungünstigen Altersaufbau der Bevölkerung zusammen.
Stellen Sie fest, welche richtige Erklärung sich aus nebenstehender Grafik ableiten lässt.

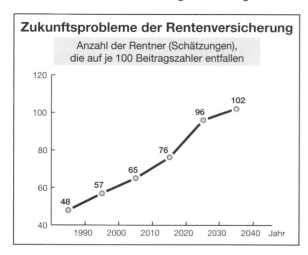

1. In der Grafik ist die voraussichtliche prozentuale Entwicklung der Durchschnittsrenten angegeben.
2. In der Bundesrepublik gibt es im Jahr 2030 voraussichtlich mehr Rentner als Beitragszahler.
3. Die Zahl der Rentner wird sich von 1990 bis zum Jahr 2030 im Verhältnis zu den Beitragszahlern voraussichtlich verdreifachen.
4. Zu Beginn der 90er-Jahre kam auf zwei Beitragszahler etwa ein Rentner.
5. Zwischen 2030 und 2040 wird im Berichtszeitraum voraussichtlich der stärkste Anstieg der Rentner im Vergleich zu den Beitragszahlern sein.

Kombinierte Mehrfachwahlaufgaben

Bei der richtigen Lösung müssen in der gleichen Zeile alle Antwortalternativen richtig bzw. zutreffend sein.

6. Musteraufgabe

Der Euro wird gegenüber dem Dollar und dem Yen aufgewertet.
Stellen Sie fest, in welcher Zeile die Auswirkungen auf Exporte, Reisen und Importe jeweils richtig angegeben sind und tragen Sie die entsprechende Kennziffer in das Kästchen ein.

	Deutsche Exporte in die USA	Reisen deutscher Touristen in die USA	Importe aus Japan nach Deutschland
1.	werden erschwert	werden teurer	werden erschwert
2.	werden erleichtert	werden billiger	werden erleichtert
3.	keine Auswirkungen	keine Auswirkungen	keine Auswirkungen
4.	werden erleichtert	werden teurer	werden erschwert
5.	werden erschwert	werden billiger	werden erleichtert

Musteraufgaben und Bearbeitungshinweise

Zuordnungsaufgaben

Bei diesen Aufgaben müssen die in zwei Reihen untereinander stehenden Begriffe, Sachverhalte, Erläuterungen usw. einander sachlich richtig zugeordnet werden. Dabei kann die Anzahl der links stehenden Zuordnungselemente gleich, größer oder kleiner als die Anzahl der rechts stehenden Zielelemente sein. Die Kennziffern der richtigen Zuordnungen werden in die Lösungskästchen am rechten Rand eingetragen.

7. Musteraufgabe

Das Erreichen wirtschaftspolitischer Ziele kann mithilfe verschiedener Daten gemessen werden.
Ordnen Sie zu, indem Sie die Kennziffern von **3** der insgesamt 7 wirtschaftspolitischen Ziele in die Kästchen bei den entsprechenden Messdaten eintragen.

Wirtschaftspolitische Ziele	*Messdaten*	
1. Gesamtwirtschaftliches Gleichgewicht	Veränderung des realen Bruttoinlandsproduktes	7
2. Erhaltung einer lebenswerten Umwelt		
3. Gerechte Einkommensverteilung	Veränderung der Lebenshaltungskosten	4
4. Stabilität des Preisniveaus		
5. Hoher Beschäftigungsstand	Arbeitslosenquote	5
6. Außenwirtschaftliches Gleichgewicht		
7. Stetiges Wirtschaftswachstum		

Reihenfolgeaufgaben

Bei diesen Aufgaben müssen die Angaben in die sachlich bzw. zeitlich richtige Reihenfolge gebracht werden.

Lesen Sie zunächst alle Angaben und suchen den in diesem Fall sinnvollen ersten Schritt heraus. In das Lösungskästchen am rechten Rand tragen Sie bei dieser Angabe die Ziffer „1" ein. Beim nächsten sinnvollen Schritt „2" usw.

8. Musteraufgabe

Bringen Sie die folgenden Schritte einer Tarifbewegung mit Schlichtungsverfahren in die richtige Reihenfolge, indem Sie die Ziffern 1–7 in die Kästchen eintragen.

Im Einvernehmen beider Tarifparteien wird ein Schlichtungsverfahren eingeleitet.
Ein neutraler Schlichter versucht zu vermitteln. `4`

Die Gewerkschaft und der zuständige Arbeitgeberverband nehmen die Verhandlungen auf. `2`

Die Gewerkschaft ruft zum Streik auf. `7`

Urabstimmung in den Betrieben, die bestreikt werden sollen. Bei mehr als 75 % Ja-Stimmen kann gestreikt werden. `6`

Der Schlichtungsversuch misslingt. Die Tarifverhandlungen sind endgültig gescheitert. `5`

Es kommt zu keinem einvernehmlichen Ergebnis. Die Arbeitgeberseite erklärt das Scheitern der Verhandlungen. `3`

Die Tarifkommission der Gewerkschaft beschließt die Lohnforderungen für die Tarifverhandlungen. `1`

Aufgaben in Offen-Antwort-Form

Bei diesen (überwiegend Rechen-) Aufgaben sind keine Antwortalternativen vorgegeben. Die ermittelte Lösung („offene Antwort") muss in die Lösungskästchen am rechten Rand eingetragen werden. Die Anzahl der Kästchen (Stellen) ist eine wichtige Hilfe. Bei der richtigen Lösung müssen alle vorgegebenen Kästchen (Stellen) ausgefüllt sein.

9. Musteraufgabe

In einem Pressebericht über die Situation am Arbeitsmarkt in Deutschland sind u. a. folgende Zahlen angegeben (in Millionen):

Erwerbstätige   42 089
Arbeitslose   3 283

Berechnen Sie die Arbeitslosenquote und tragen Sie das Ergebnis unmittelbar in die Kästchen ein (eine Stelle hinter dem Komma).

Komma
% ↓

7	8

1. Grundlagen des Wirtschaftens

Abbildung zur 1. bis 3. Aufgabe

Ökonomische Zielsetzungen	Ökologische Zielsetzungen
– Wettbewerbsfähigkeit	– Leben im Einklang mit der Natur
– Handeln nach dem ökonomischen Prinzip	– Reduzierung der Schadstoffbelastung
– Wohlstand für alle	– Schonung von Rohstoffreserven

Situation zur 1. bis 3. Aufgabe

In einer Zusammenstellung von Presseberichten über wirtschafts- und gesellschaftspolitische Zielsetzungen ist oben stehende Übersicht enthalten.

Lösen Sie mit ihrer Hilfe folgende Aufgaben.

1. Aufgabe

In der Zusammenstellung lesen Sie Aussagen über ökonomische Probleme.
Welcher Beitrag enthält auch ökologische Zielsetzungen?

1. „Um die steigende Weltbevölkerung mit Nahrung zu versorgen, müssen große Anbaugebiete neu geschaffen werden."
2. „Um effektiver zu arbeiten, muss rationalisiert werden."
3. „Die Konzernleitung hat beschlossen, dass ihre leitenden Mitarbeiter zum Besuch der Zweigbetriebe und Filialen nicht mehr mit dem Auto, sondern mit der Bahn fahren."
4. „Zur Produktion von Sonderanfertigungen werden Maschinen aus dem Ausland per Lkw angeliefert."
5. „Um kostengünstiger zu produzieren, wird in Großserien gefertigt."

2. Aufgabe

In welchem Beispiel überwiegen ökonomische Zielsetzungen?

1. In einem Fußballstadion werden Getränke in Pappbechern statt Einwegflaschen ausgegeben.
2. Durch den Einsatz eines Wärmeaustauschers wird die eingesetzte Energie besser ausgenutzt und weniger Schadstoff ausgestoßen.
3. Obwohl der Kauf von Milch in Pfandflaschen teurer ist, wird er dem Kauf in Kunststoffverpackungen vorgezogen.
4. Um möglichst viele Waren einkaufen zu können, werden mit dem Haushaltsgeld überwiegend No-name-Produkte eingekauft.
5. Es werden Glühlampen mit längerer Lebensdauer gekauft, obwohl sie wesentlich teurer als die normalen Glühlampen sind.

3. Aufgabe

Wie bezeichnet man die Einsparung von Rohstoffen durch wiederverwendbar gemachte Produkte?

1. Recycling
2. Rohstoffverwertung im dualen System
3. Abfallminderung
4. Abfallverwertung
5. Abfallvermeidung

4. Aufgabe

Welches Unternehmen erzielt bei der Produktion gleicher Produkte die höchste Arbeitsproduktivität?

	Unternehmen	Arbeitsstunden	Produktionsmenge
1.	A	800	3 000
2.	B	750	2 900
3.	C	700	2 800
4.	D	900	3 000
5.	E	1 000	3 200

5. Aufgabe

Nennen Sie den Grund für eine Steigerung der Arbeitsproduktivität.

1. Preiserhöhung
2. Mehrarbeit durch Überstunden
3. Tarifliche Lohnerhöhung
4. Erhöhung der Produktionsmenge je geleisteter Arbeitsstunde
5. Verkürzung der Arbeitszeit bei entsprechendem Rückgang der Produktion

6. Aufgabe

Prüfen Sie, in welcher Situation nach dem Maximalprinzip gehandelt wird.

1. Ein Händler strebt mit maximalem Mitteleinsatz den größtmöglichen Erfolg an.
2. Ein Handwerker erwirtschaftet mit einem Minimum an Aufwand einen bestimmten Ertrag.
3. Ein Lehrer versucht, mit seinem zur Verfügung stehenden Einkommen möglichst viele seiner Bedürfnisse zu befriedigen.
4. Ein Monteur will die Montage einer Maschine mit geringstem Arbeits- und Materialeinsatz durchführen.
5. Ein Schreiner versucht, einen Stuhl mit möglichst wenig Holz zu produzieren.

7. Aufgabe

Prüfen Sie, unter welcher Ziffer die Anwendung des ökonomischen Prinzips richtig dargestellt ist.

1. Bei der Anwendung des ökonomischen Prinzips soll mit maximalem Mitteleinsatz im betrieblichen Bereich eine Ertragsmaximierung erreicht werden.
2. Bei der Anwendung des ökonomischen Prinzips soll mit maximalem Mitteleinsatz im Haushaltsbereich eine Nutzenmaximierung erzielt werden.
3. Bei der Anwendung des ökonomischen Prinzips soll mit minimalem Mitteleinsatz im betrieblichen Bereich eine Ertragsmaximierung erzielt werden.
4. Nur bei der Anwendung des ökonomischen Prinzips ist eine Steigerung der Realeinkommen möglich.
5. Bei der Anwendung des ökonomischen Prinzips soll mit minimalem Mitteleinsatz im Haushaltsbereich ein bestimmter Nutzen erzielt werden.

8. Aufgabe

Prüfen Sie, in welchem Fall die Schneider Büromöbel GmbH nach dem ökonomischen Prinzip als Maximalprinzip handelt.

1. Für den neu entwickelten Bürostuhl „Vespo" soll ein festgelegter Marktanteil mit möglichst geringem Werbeaufwand erreicht werden.
2. Der bisherige Marktanteil für Schreibtische soll erhalten bleiben, obwohl der Werbeaufwand dafür gesenkt wird.
3. Durch Erhöhung des Werbeaufwands für Ablageregale soll eine kontinuierliche Absatzsteigerung erreicht werden.
4. Der Einsatz der fünf betriebseigenen Lkws wird so organisiert, dass an jedem Tag möglichst viele Kunden beliefert werden können.
5. Für die Fertigung von Schreibtischen wird durch Angebotsvergleiche der preisgünstigste Anbieter für Schubladenverriegelung ermittelt.

9. Aufgabe

Von den großen Industrienationen liegt Deutschland im internationalen Vergleich mit seinen öffentlichen und privaten Ausgaben für den Umweltschutz (qualitatives Wirtschaftswachstum) in der Spitzengruppe.
Berechnen Sie unter Verwendung der Angaben in unten stehender Grafik, wie viel Mrd. EUR für Umweltschutz in Deutschland bei einem Bruttoinlandsprodukt von etwa 2.064 Mrd. EUR ausgegeben wurden!

Tragen Sie das Ergebnis (auf ganze Zahl abrunden) in die Kästchen ein.

Mio. EUR

Investitionen für qualitatives Wirtschaftswachstum

Öffentliche und private Umweltschutzausgaben in % des Bruttoinlandsprodukts

Land	%
Niederlande	2,1 %
Österreich	2,0 %
Schweiz	2,0 %
Deutschland	1,7 %
USA	1,6 %
Frankreich	1,4 %
Schweden	1,2 %
Großbritannien	1,1 %
Kanada	1,0 %
Dänemark	0,9 %
Japan	0,6 %

Quelle: OECD

10. Aufgabe

Prüfen Sie, welche richtige Erklärung sich aus unten stehender Grafik über „Öko-Steuern" ableiten lässt.

1. Zu den Einnahmen aus umweltbezogenen Steuern gehört auch die Umsatzsteuer auf ökologisch angebaute Produkte.
2. Der Anteil der Mineralölsteuer am Steueraufkommen liegt im letzten Berichtsjahr bei fast 35 Mrd. EUR.
3. Die Kfz-Steuer hat am „Öko-Steuer"-Aufkommen den geringsten Anteil.
4. Im Berichtszeitraum hat sich das Steueraufkommen etwa verdoppelt.
5. Den stärksten Anstieg der Steuer- und Gebühreneinnahmen gab es im 6. Jahr.

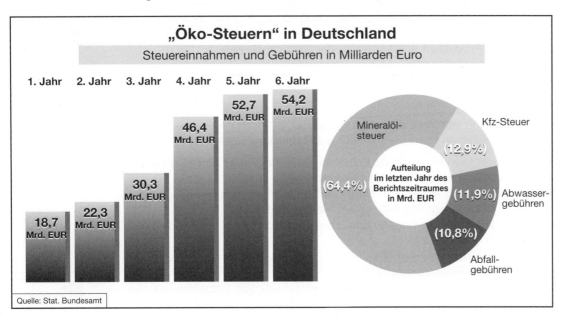

„Öko-Steuern" in Deutschland

Steuereinnahmen und Gebühren in Milliarden Euro

1. Jahr	2. Jahr	3. Jahr	4. Jahr	5. Jahr	6. Jahr
18,7 Mrd. EUR	22,3 Mrd. EUR	30,3 Mrd. EUR	46,4 Mrd. EUR	52,7 Mrd. EUR	54,2 Mrd. EUR

Mineralöl-steuer (64,4%)
Kfz-Steuer (12,9%)
Abwasser-gebühren (11,9%)
Abfall-gebühren (10,8%)

Aufteilung im letzten Jahr des Berichtszeitraumes in Mrd. EUR

Quelle: Stat. Bundesamt

11. Aufgabe

Als leitender Mitarbeiter in der Personalabteilung sollen Sie sich nur noch mit Tätigkeiten beschäftigen, die dem dispositiven Faktor zuzuordnen sind.
Prüfen Sie, welche beiden Tätigkeiten zum dispositiven Faktor zählen.

1. Zusammenstellung von Urlaubslisten der Mitarbeiter/-innen
2. Ablage von Personalunterlagen
3. Listenmäßige Erfassung der Fehlzeiten von Mitarbeiter/-innen
4. Bewerbungsgespräche mit neuen Mitarbeitern/-innen
5. Gespräche mit dem Betriebsrat über Arbeitszeitregelungen
6. Berechnung der Bonuszahlungen an Mitarbeiter/-innen aufgrund von eingerichten Arbeitsnachweisen

▶ ☐
▶ ☐

Situation zur 12. bis 15. Aufgabe

In der Metallbau GmbH in Frankfurt werden Stahlschränke gefertigt.

12. Aufgabe

Ordnen Sie zu, indem Sie die eingerahmten Kennziffern von **3** der insgesamt 7 Beispiele in die Kästchen bei den betriebwirtschaftlichen Produktionsfaktoren der Metallbau GmbH eintragen.

Beispiele

1. Entsorgungsanlage für Altöl
2. Tätigkeit des Gabelstaplerfahrers
3. Tätigkeit einer Mitarbeiterin in der Telefonzentrale
4. Fremdbezogene Schlösser zum Einbau in die produzierten Stahlschränke
5. Wertpapiere, die zur Sicherheit für einen Investitionskredit der Bank überlassen werden
6. Lagerbestände der fertig gestellten Stahlschränke
7. Tätigkeit des Betriebsleiters

Betriebswirtschaftliche Produktionsfaktoren der Metallbau GmbH

Werkstoffe ☐

Betriebsmittel ☐

Dispositive Arbeit ☐

---

13. Aufgabe

Es werden verschiedene Produktionsfaktoren kombiniert, um Stahlschränke zu fertigen.
In welchem Fall handelt es sich um den Produktionsfaktor Werkstoffe?

1. Benutzung von Gabelstaplern in der Lagerhalle zum Transport von Stahlschränken.
2. Kauf einer neuen Werkzeugmaschine zur Herstellung von Bauteilen für die Stahlschränke.
3. Verwendung von Putzmitteln zur Reinigung der fertig gestellten Stahlschränke.
4. Einsatz von Computern zur kompletten Auftragsabwicklung für die Produktion und den Verkauf der Stahlschränke.
5. Bau einer neuen Halle zur Produktion und Lagerung der Stahlschränke.

▶ ☐

---

14. Aufgabe

Zum innerbetrieblichen Transport werden Gabelstapler eingesetzt.
Prüfen Sie, zu welchem betrieblichen Produktionsfaktor die Gabelstapler gehören.

1. Zum Produktionsfaktor ausführende Arbeit, da Gabelstapler in der Regel von Mitarbeitern mit geringer eigener Entscheidungsbefugnis bedient werden.
2. Zum Produktionsfaktor dispositive Arbeit, weil durch den Einsatz von Gabelstaplern die Transportzeiten von den Mitarbeitern flexibel geplant werden können.
3. Zum Produktionsfaktor Werkstoffe, da Gabelstapler zum Transport der in der Produktion benötigten Werkstoffe notwendig sind.
4. Zum Produktionsfaktor Betriebsmittel, weil Gabelstapler als Bestandteile der Betriebs- und Geschäftsausstattung für den Produktionsablauf notwendig sind.
5. Zum Produktionsfaktor ausführende Arbeit, weil durch den Einsatz von Gabelstaplern die menschliche Arbeitsleistung effektiver eingesetzt wird.

▶ ☐

---

15. Aufgabe

Zur Herstellung von Bauteilen für Stahlschränke (je 1 000 Stück) können unterschiedlich qualifizierte und bezahlte Arbeitskräfte und unterschiedlich leistungsfähige Maschinen eingesetzt werden.
Prüfen Sie, in welcher Zeile die Kombination der Produktionsfaktoren dem Minimalkostenprinzip entspricht.

		Arbeitskosten	Maschinenkosten	
	Arbeitszeit in Stunden	EUR je Stunde	Laufzeit in Stunden	EUR je Stunde
1.	2	24,00	1	45,00
2.	1,5	30,00	1	60,00
3.	2,5	16,00	2	32,00
4.	2	28,00	2	26,00
5.	1	32,00	1,5	38,00

▶ ☐

16. Aufgabe

Prüfen Sie, welche Bedeutung der dispositive Faktor in einem Unternehmen hat.

1. Der dispositive Faktor ist ausschließlich für die Kapitalbeschaffung verantwortlich.
2. Der dispositive Faktor kombiniert die Produktionsfaktoren Arbeit und Kapital und entscheidet über ihren optimalen Einsatz.
3. Den dispositiven Faktor gibt es nur in privatwirtschaftlichen Betrieben, nicht in Betrieben der öffentlichen Hand.
4. Der dispositive Faktor wird dem Produktionsfaktor Arbeit zugeordnet.
5. Der dispositive Faktor wird dem Produktionsfaktor Kapital zugeordnet.

▶ ☐

17. Aufgabe

Ordnen Sie zu, indem Sie die Kennziffern von **2** der insgesamt 5 betrieblichen Anweisungen in die Kästchen bei den Führungsprinzipien eintragen.

Betriebliche Anweisungen

1. Ein Unternehmen überträgt die Verantwortung für die Personalpolitik seinem Personalleiter.
2. Die Betriebsleitung erlässt ein Rauchverbot.
3. Die Verkaufsleitung gibt ihren Vertretungen Umsatzvorgaben.
4. Investitionen über 100.000,00 EUR müssen durch den Vorstand genehmigt werden.
5. Ein Vorgesetzter erteilt einem einzelnen Angestellten eine Verwarnung.

Führungsprinzipien

Führen nach dem Ausnahmeprinzip ☐

Führen durch Zielvereinbarung ☐

18. Aufgabe

Zur Vorbereitung auf einen „Tag der offenen Tür" sind in einem Unternehmen verschiedene Aufgaben zu erledigen. Hierzu ist der Einsatz verschiedener Mittel (Produktionsfaktoren) notwendig.
Stellen Sie fest, welche Arbeiten nicht zum dispositiven Faktor gehören.

1. Die Geschäftsleitung benennt eine bereichsübergreifende Arbeitsgruppe, die alle Maßnahmen für den Tag der offenen Tür vorbereiten und koordinieren soll.
2. Die Arbeitsgruppe listet für alle Unternehmensbereiche und Abteilungen die notwendigen Maßnahmen mit einem konkreten Zeitplan auf.
3. Mitarbeiter der Arbeitsgruppe erstellen notwendige Arbeits- und Informationsunterlagen.
4. Die Leiterin der Arbeitsgruppe kontrolliert die inhaltliche und zeitliche Einhaltung der beschlossenen Maßnahmen.
5. Mitarbeiter vervielfältigen und verteilen die anfallenden Arbeits- und Informationsunterlagen.

▶ ☐

19. Aufgabe

Ordnen Sie zu, indem Sie die Kennziffern von **3** der insgesamt 7 wirtschaftlichen Tatbestände in die Kästchen bei den notwendigen Produktionsfaktoren Boden, Arbeit und Kapital eintragen.

Wirtschaftliche Tatbestände

1. Ein Chemieunternehmen erzielt einen Gewinn.
2. Eine Automobilfirma erhöht ihre Produktion durch Überstunden.
3. Ein Bergbauunternehmen findet ein neues Kohlevorkommen.
4. Die erzeugten Waren sind mit Steuern belastet.
5. Ein Unternehmen zahlt Kapitalabfindungen an ausscheidende Angestellte.
6. Ein Unternehmen kauft einen Betrieb vom seitherigen Eigentümer.
7. Ein Büromöbelhersteller zahlt die einbehaltenen Sozialversicherungsbeiträge an die Krankenkasse.

Produktionsfaktoren

Boden ☐

Arbeit ☐

Kapital ☐

20. Aufgabe

Prüfen Sie in welchem Beispiel das angegebene Gut als Konsumgut verwendet wird.

1. Eine Bank kauft Möbel für das Büro des Direktors.
2. Ein Ölhändler kauft einen Tanklastzug, um Heizöl zu den Kunden zu transportieren.
3. Ein Taxifahrer fährt mit seinem Taxi einen Fahrgast zum Bahnhof.
4. Ein Taxifahrer fährt am Wochenende mit seinem Taxi zu einem Besuch zu seinen Eltern.
5. Die Metallwaren AG kauft Drehbänke.

▶ ☐

21. Aufgabe

Prüfen Sie, in welchem Fall ein Konsumgut als Gebrauchsgut verwendet wird.

1. Für ein Computerfachhandelsgeschäft wird eine Registrierkasse gekauft.
2. Für ein Versicherungsbüro wird Fotokopierpapier gekauft.
3. Eine Angestellte kauft einen Pkw, um damit u. a. zu ihrer Arbeitsstelle zu fahren.
4. In einem Versicherungsbüro wird Kaffee für die Kaffeemaschine gekauft.
5. Für die Mitarbeiterkantine eines Unternehmens werden Lebensmittel gekauft.

▶ ☐

2. Rechtliche Rahmenbedingungen des Wirtschaftens

Situation zur 22. bis 24. Aufgabe

Gegen 08:30 Uhr wollte der 18-jährige Auszubildende Hubert S. mit seinem Motorroller im Auftrag seines Chefs zu einem Kunden fahren, um dort Waren abzuliefern. Bei der Ausfahrt aus dem Grundstück fuhr er – ohne auf den fließenden Verkehr zu achten – einem Pkw in die Seite und beschädigte die Tür des Autos.
Hubert S. soll die Reparaturrechnung für das Auto (340,00 EUR) bezahlen.

22. Aufgabe

Welchem Rechtsgebiet ist die rechtliche Beziehung zwischen Hubert S. und dem Autofahrer zuzuordnen?

1. Verfassungsrecht
2. Verwaltungsrecht
3. Handelsrecht
4. Bürgerliches Recht
5. Strafrecht

Abbildung zur 23. und 24. Aufgabe

> **BGB**
>
> **§ 823 Schadenersatzpflicht**
>
> Wer vorsätzlich oder fahrlässig das Leben, den Körper, die Gesundheit, die Freiheit, das Eigentum oder ein sonstiges Recht eines anderen widerrechtlich verletzt, ist dem anderen zum Ersatze des daraus entstehenden Schadens verpflichtet.
>
> **Straßenverkehrsordnung**
>
> **§ 10 Einfahren und Anfahren**
>
> (1) Wer aus einem Grundstück auf die Straße ... einfahren will, hat sich dabei so zu verhalten, dass eine Gefährdung anderer Verkehrsteilnehmer ausgeschlossen ist ...

23. Aufgabe

Muss Hubert S. den Schaden für die Autoreparatur ersetzen? Beachten Sie dabei die Auszüge aus dem BGB und der Straßenverkehrsordnung.

1. Nein, als Auszubildender ist Hubert S. grundsätzlich von der Schadenersatzpflicht befreit.
2. Nein, da Hubert S. den Unfall nicht vorsätzlich verursacht hat.
3. Nein, der Chef ist immer für das Verhalten seiner Mitarbeiter verantwortlich, wenn sie dienstliche Aufträge erledigen.
4. Ja, weil sich Hubert S. strafbar gemacht hat.
5. Ja, weil Hubert S. einen anderen Verkehrsteilnehmer grob fahrlässig gefährdet hat.

24. Aufgabe

In welcher Rechtsquelle ist das fehlerhafte Verhalten von Hubert S. geregelt?

1. Gewohnheitsrecht
2. Satzung
3. Rechtsverordnung
4. Gesetz
5. Verwaltungsanordnung

25. Aufgabe

Ordnen Sie zu, indem Sie die Kennziffern von **3** der insgesamt 7 Gesetze in die Kästchen bei den Rechtsgebieten des öffentlichen Rechts eintragen.

Gesetze

1. Bürgerliches Gesetzbuch
2. Straßenverkehrsgesetz
3. Grundgesetz
4. Strafgesetzbuch
5. Handelsgesetzbuch
6. Abgabenordnung
7. Scheckgesetz

Rechtsgebiete des öffentlichen Rechts

Verfassungsrecht ☐

Steuerrecht ☐

Verwaltungsrecht ☐

26. Aufgabe

Ordnen Sie zu, indem Sie die Kennziffern von **2** der insgesamt 5 Gerichte in die Kästchen bei den Fällen nach Zuständigkeit eintragen.

Gerichte

1. Amtsgericht
2. Arbeitsgericht
3. Finanzgericht
4. Verwaltungsgericht
5. Landgericht

Fälle

Der Einspruch eines Unternehmers gegen seinen Einkommensteuerbescheid ist abgelehnt worden. ☐

Ein technischer Angestellter erhebt Anspruch auf Vergütung des nicht genommenen Urlaubs im letzten Jahr. ☐

27. Aufgabe

Sie haben Ihren Pkw für 3.850,00 EUR an einen Autohändler verkauft. Trotz Mahnung zahlt er die Rechnung nicht. An welches Gericht müssen Sie sich wenden, um den Rechnungsbetrag einzuklagen?

1. Verwaltungsgericht
2. Amtsgericht
3. Sozialgericht
4. Arbeitsgericht
5. Landgericht

▶ ☐

28. Aufgabe

Bringen Sie die folgenden Verfahrensschritte bei der Einbringung eines neuen Gesetzes, welches der Zustimmung durch den Bundesrat unterliegt, in die richtige Reihenfolge, indem Sie die Ziffern 1–7 in die Kästchen eintragen.

Der Bundespräsident unterzeichnet das Gesetz. ☐

Der Bundestag verweist den Gesetzentwurf an die Ausschüsse. ☐

Der Bundesrat ruft den Vermittlungsausschuss an. ☐

Die Bundesregierung leitet dem Bundestag einen Gesetzentwurf zu. ☐

Das Gesetz wird im Bundesgesetzblatt veröffentlicht. ☐

Der Bundestag stimmt den Änderungen des Vermittlungsausschusses zu. ☐

Der Bundestag verabschiedet das Gesetz in zweiter und dritter Lesung. ☐

29. Aufgabe

Prüfen Sie, in welcher Zeile die Gesetze zum privaten und öffentlichen Recht richtig zugeordnet sind und tragen Sie diese Kennziffer in das Kästchen ein.

Privates Recht	Öffentliches Recht
1. Scheckgesetz	GmbH-Gesetz
2. Grundgesetz	Zivilprozessordnung
3. Aktiengesetz	Handelsgesetzbuch (HGB)
4. Bürgerliches Gesetzbuch (BGB)	Strafgesetzbuch
5. Handelsgesetzbuch (HGB)	Bürgerliches Gesetzbuch (BGB)
6. Einkommensteuergesetz	Straßenverkehrsordnung

Situation zur 30. und 31. Aufgabe

In der Berufsschule erhalten Sie unten stehende Übersicht über Rechtssubjekte.

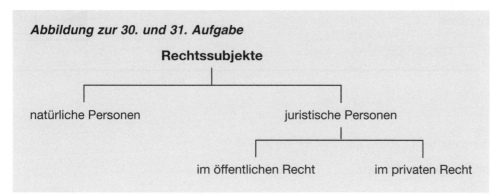

Abbildung zur 30. und 31. Aufgabe

30. Aufgabe

Bei welchem Rechtssubjekt handelt es sich um eine juristische Person des öffentlichen Rechtes?

1. Die Telebau AG
2. Die Elektro Müller GmbH
3. Der Sportverein Freizeit e. V.
4. Die Deutsche Bundesbank
5. Der Bundesbankpräsident

31. Aufgabe

Bei welchem Rechtssubjekt handelt es sich um eine juristische Person des privaten Rechtes?

1. Das ZDF
2. Die Deutsche Telekom AG
3. Ein Gerichtsvollzieher
4. Die Industrie- und Handelskammer Frankfurt
5. Das Land Hessen

Situation zur 32. bis 34. Aufgabe

Simone ist sechs Jahre und soll von ihrem Onkel ein Vier-Familienhaus erben.

32. Aufgabe

Kann Simone das Haus erben?

1. Nein, weil sie erst beschränkt geschäftsfähig sein muss.
2. Ja, weil sie mit Vollendung der Geburt rechtsfähig wird.
3. Nein, weil sie erst voll geschäftsfähig sein muss.
4. Ja, weil sie bereits beschränkt geschäftsfähig ist.
5. Ja, aber erst nach Zustimmung des Vormundschaftsgerichtes.

33. Aufgabe

Mit welchem Lebensalter erreicht Simone die volle Geschäftsfähigkeit?

1. Mit Vollendung des 18. Lebensjahres
2. Mit Vollendung des 21. Lebensjahres
3. Mit Vollendung des 16. Lebensjahres
4. Mit Vollendung des 16. Lebensjahres dann, wenn man vom Vormundschaftsgericht für volljährig erklärt wurde
5. Mit Beginn des 18. Lebensjahres

34. Aufgabe

Mit welchem Alter wird Simone beschränkt geschäftsfähig?

1. Mit Vollendung des 18. Lebensjahres
2. Mit Vollendung des 16. Lebensjahres
3. Mit Vollendung des 12. Lebensjahres
4. Mit Vollendung des 7. Lebensjahres
5. Mit Vollendung der Geburt

35. Aufgabe

Simones Bruder ist 15 Jahre alt.
Welche Rechtsfolge in Verbindung mit dem Lebensalter trifft für ihn zu?

1. Er wird eidesfähig, kann also Zeugeneide leisten.
2. Er kann ein Testament errichten.
3. Er ist nach dem Jugendgerichtsgesetz bereits bedingt strafmündig.
4. Er ist strafrechtlich voll verantwortlich und schadenersatzpflichtig.
5. Er kann in den Betriebsrat gewählt werden.

36. Aufgabe

In welchem Fall kann ein beschränkt geschäftsfähiger Jugendlicher nur mit Zustimmung seines gesetzlichen Vertreters Geschäfte abschließen?

1. Der Jugendliche will eine Schenkung annehmen, die ihn zu nichts verpflichtet.
2. Der Jugendliche kauft sich vom Taschengeld ein Buch.
3. Der Jugendliche verkauft im Geschäft, in dem er ausgebildet wird, Waren im Wert von 1.500,00 EUR.
4. Der Jugendliche will an einer Tanzstunde teilnehmen. Die Gebühr will er von seinem Taschengeld bezahlen.
5. Der Jugendliche will einen Kredit aufnehmen, um eine Stereoanlage zu kaufen.

37. Aufgabe

Prüfen Sie, welche Behauptung über Eigentum und Besitz richtig ist.

1. Wer sein Kraftfahrzeug zur Sicherung von Krediten übereignet, bleibt Eigentümer.
2. Wer sein Kraftfahrzeug zur Sicherung von Krediten verpfändet, verliert sein Eigentum.
3. Eigentum und Besitz sind zwar im Sprachgebrauch verschieden, rechtlich gibt es aber keinen Unterschied.
4. Der Besitz eines Grundstücks wird im Grundbuch eingetragen.
5. Das Eigentum an einem Grundstück wird im Grundbuch eingetragen. Ein entsprechender Vertrag muss notariell beurkundet werden.

38. Aufgabe

Prüfen Sie, welche Erklärung über Besitz bzw. Eigentum den Bestimmungen des Bürgerlichen Gesetzbuches (BGB) entspricht.

1. Die Eigentumsübertragung an beweglichen Sachen erfolgt in der Regel durch zwei übereinstimmende Willenserklärungen.
2. Eigentum ist die tatsächliche, Besitz die rechtliche Verfügungsgewalt über eine Sache.
3. Die Eigentumsübertragung an beweglichen Sachen erfolgt in der Regel durch Einigung und Übergabe.
4. Der gutgläubige Käufer einer gestohlenen Sache wird nach Zahlung des Kaufpreises Eigentümer.
5. Bei vereinbartem Eigentumsvorbehalt ist der Käufer Eigentümer des Kaufgegenstandes, der Verkäufer bleibt aber bis zur völligen Zahlung Besitzer.

39. Aufgabe

Prüfen Sie, in welchem Fall das Rechtsgeschäft nichtig ist.

1. Durch einen Schreibfehler wird in einem Angebot als Preis 50,00 EUR anstatt 500,00 EUR angegeben.
2. Ein Techniker erreicht eine Anstellung als Ingenieur durch Vorlage eines gefälschten Zeugnisses.
3. Ein 12-Jähriger kauft ein Mountainbike für 1 500,00 EUR, obwohl sein Vater nicht einverstanden ist.
4. Ein Unternehmer kauft Aktien in der irrigen Annahme, dass der Kurs der Aktie steigen wird.
5. Durch Androhung von Gewalttätigkeiten wird die Unterschrift unter einen Vertrag erzwungen.

40. Aufgabe

Prüfen Sie, in welchem Fall der Vertrag anfechtbar ist.

1. Wenn der Vertrag im Scherz abgeschlossen wurde.
2. Wenn eine fehlerhafte Übermittlung durch eine technische Störung beim Faxgerät vorliegt.
3. Wenn der Vertrag gegen ein Gesetz verstößt.
4. Wenn der Vertrag nicht die vom Gesetz vorgeschriebene Form hat.
5. Wenn bei einem Vertragspartner mangelnde Geschäftsfähigkeit vorliegt.

41. Aufgabe

Merkmale der Vertragsfreiheit sind Abschlussfreiheit, Gestaltungsfreiheit und Formfreiheit.
Prüfen Sie, in welchem Fall es sich um Gestaltungsfreiheit von Verträgen handelt.

1. Ein Kunde lässt sich eine Maschine vorführen, kauft sie aber nicht.
2. Ein Kaufvertrag über eine Maschine wird mündlich abgeschlossen.
3. Ein Mieter kündigt unter Beachtung der Kündigungsklausel den Mietvertrag.
4. Käufer und Verkäufer einigen sich über die vom Serienmodell abweichende Sonderausstattung einer Maschine.
5. Es wird telefonisch eine Maschine bestellt, für die ein schriftliches Angebot vorliegt.

42. Aufgabe

Ein Kollege meint, dass es keine einseitigen Rechtsgeschäfte gäbe.
Welches richtige Beispiel für ein einseitiges Rechtsgeschäft nennen Sie ihm?

1. Pachtvertrag
2. Schenkung
3. Leihvertrag
4. Werkvertrag
5. Kündigung

43. Aufgabe

Einer Ihrer Auszubildenden möchte wissen, welche Behauptung über die Form des Abschlusses von Kaufverträgen stimmt.
Welche richtige Antwort geben Sie ihm?

1. Mündlich abgeschlossene Kaufverträge sind nur verbindlich, wenn der Käufer die Ware sofort in Empfang nimmt und zahlt.
2. Telefonisch abgeschlossene Kaufverträge sind nur verbindlich, wenn sie schriftlich bestätigt werden.
3. Kaufverträge über große Beträge (z. B. 10.000,00 EUR) müssen schriftlich abgeschlossen werden.
4. Ein Minderjähriger kann Kaufverträge nur schriftlich abschließen, es sei denn, der gesetzliche Vertreter stimmt zu.
5. Für den Abschluss von Kaufverträgen (Warenverkauf) ist keine bestimmte Form vorgeschrieben.

44. Aufgabe

Sie diskutieren mit Ihren Klassenkameraden über rechtliche Bestimmungen des Kaufvertrages.
Welche Behauptung wird Ihr Lehrer als richtig anerkennen?

1. Wenn über die Qualität der zu liefernden Rohstoffe nichts vereinbart wurde, muss der Lieferer Rohstoffe bester Qualität liefern.
2. Vereinbarungen über den Erfüllungsort und Gerichtsstand müssen getroffen werden.
3. Für den Käufer ist es am günstigsten, wenn über die Transport- und Verpackungskosten nichts vereinbart wird.
4. Wenn über die Qualität der zu liefernden Waren nichts vereinbart wurde, hat der Lieferer Waren mittlerer Art und Güte zu liefern.
5. Die Gefahr des zufälligen Untergangs oder der Verschlechterung der Ware beim Transport hat immer der Käufer zu tragen.

45. Aufgabe

In welchem Fall ist ein Kaufvertrag durch zwei übereinstimmende Willenserklärungen zustande gekommen?

1. Herr A. bestellt schriftlich auf ein unverbindliches telefonisches Angebot.
2. Herr B. fragt bei einem Hersteller an, ob ihm eine bestimmte Ware zum Höchstpreis von 60,00 EUR geliefert werden könne. In dem folgenden schriftlichen Angebot erfährt er, dass die Ware sogleich für 55,00 EUR geliefert werden kann.
3. Herr C. bestellt am 15. Juni nach einem schriftlichen Angebot Waren, die spätestens am 30. Juni geliefert werden sollen. In dem Angebot vom 12. Juni heißt es u. a. „Lieferzeit 4 Wochen".
4. Frau D. sieht im Schaufenster eines Textilgeschäfts einen Bademantel, geht in das Geschäft und sagt zu der Verkäuferin: „Ich möchte den Bademantel für 80,00 EUR, den Sie in Ihrem Schaufenster ausgestellt haben".
5. Herr E. bestellt aufgrund eines schriftlichen Angebotes 12 Stück zu je 17,50 EUR. In dem Angebot hieß es u. a.: „Preis je Stück 20,00 EUR, bei Abnahme von mindestens 10 Stück 17,50 EUR je Stück".

46. Aufgabe

Was bedeutet der in einem Angebot enthaltene Vermerk: „Eigentumsvorbehalt bis zur vollständigen Bezahlung der Ware"?

1. Der Käufer ist nach der Lieferung Eigentümer der Ware geworden.
2. Die Vorbehaltsrechte des Verkäufers beziehen sich nur auf die nach dem Kaufvertrag gelieferten Waren.
3. Die Vorbehaltsrechte des Verkäufers beziehen sich stets auch auf die aus einem Weiterverkauf entstandenen Forderungen.
4. Die Vorbehaltsrechte beziehen sich immer auch auf alle anderen vom Verkäufer gelieferten Waren, selbst wenn diese bereits bezahlt sind.
5. Der Eigentumsvorbehalt erlischt, wenn die Ware zu mehr als 50 % bezahlt ist.

Situation zur 47. und 48 Aufgabe

Sie sind Mitarbeiter/in in der Einkaufsabteilung der Metallwerke Meier & Co. KG. Für den EDV-Bereich sollen besonders rückenschonende Bürodrehstühle beschafft werden. Sie richten eine entsprechende schriftliche und detaillierte Anfrage an die Büromöbel Schmitt GmbH. Nach einer Woche erhalten Sie ein ausführliches verbindliches Angebot. Am nächsten Tag bestellen Sie zunächst nur einen Drehstuhl, um ihn auf seine Tauglichkeit zu prüfen. Sie weisen schriftlich darauf hin, dass Sie den Drehstuhl innerhalb zehn Tagen zurückgeben, wenn er den Erwartungen nicht entspricht.

47. Aufgabe

Um welche Art des Kaufvertrages handelt es sich?

1. Stückkauf
2. Kauf auf Probe
3. Bestimmungskauf
4. Kommissionskauf
5. Kauf auf Abruf

48. Aufgabe

Prüfen Sie, wann ein rechtsgültiger Kaufvertrag zustande gekommen ist.

1. Nach Prüfung des Bürodrehstuhls und Feststellung seiner Tauglichkeit innerhalb der vereinbarten Frist behält die Meier & Co. KG den Stuhl.
2. Bei Lieferung des Bürodrehstuhls wird die Rechnung ausgehändigt.
3. Nach Eingang des verbindlichen Angebots aufgrund der schriftlichen Anfrage der Metallwerke Meier & Co. KG wird der Bürostuhl bestellt.
4. Nach Eingang der Bestellung bei der Büromöbel Schmitt GmbH wird der Bürodrehstuhl geliefert.
5. Der Kaufvertrag ist zustande gekommen, wenn der Bürostuhl nach 8 Tagen nicht zurückgegeben ist.

49. Aufgabe

Ordnen Sie zu, indem Sie **2** der insgesamt 5 Vertragsarten in die Kästchen bei den Sachverhalten eintragen.

Vertragsarten

1. Kaufvertrag
2. Mietvertrag
3. Werkvertrag
4. Versicherungsvertrag
5. Darlehensvertrag

Sachverhalte

Herr Müller, Handelsvertreter der Büromöbel GmbH, belegt drei Stunden einen Parkplatz in einem Parkhaus, um einen Kunden zu besuchen. Die Parkgebühr beträgt 6,00 EUR.

Herr Müller, Handelsvertreter der Büromöbel GmbH, besorgt sich von seinem Kollegen Weber einen Musterkoffer. Da er einige Muster entnommen hat, gibt er einige Tage später Herrn Weber seinen eigenen Musterkoffer zurück, der in Art, Güte und Inhalt dem Koffer des Kollegen Weber entspricht.

50. Aufgabe

Um welchen Vertrag handelt es sich, wenn an einem werkseigenen Lkw die fällige Abgassonderuntersuchung durchgeführt wird?

1. Dienstvertrag
2. Werkvertrag
3. Arbeitsvertrag
4. Leihvertrag
5. Kaufvertrag

51. Aufgabe

Das Unternehmen lässt Werkzeugmaschinen nach eigenen Entwürfen in einem ausländischen Betrieb in Serie anfertigen.
Die Rechtsvorschriften welcher Vertragsart finden Anwendung?

1. Dienstleistungsvertrag
2. Pachtvertrag
3. Arbeitsvertrag
4. Werkvertrag
5. Kaufvertrag

▶ ☐

52. Aufgabe

Ordnen Sie zu, indem Sie die eingerahmten Kennziffern von **2** der insgesamt 5 Vertragsarten in die Kästchen bei den Fällen eintragen.

Vertragsarten

1. Werkvertrag
2. Pachtvertrag
3. Mietvertrag
4. Kaufvertrag
5. Arbeitsvertrag

Fälle

Ihr Ausbildungsbetrieb kauft für den DV-Bereich eine Klimaanlage und lässt sie von Monteuren des Lieferanten installieren. ☐

Das Faxgerät an Ihrem Arbeitsplatz ist defekt. Ihr Ausbilder erteilt dem Lieferanten einen Reparaturauftrag. ☐

53. Aufgabe

Prüfen Sie, welche Feststellung in Verbindung mit einer mangelhaften Lieferung zutrifft.

1. Vertragliche Vereinbarungen, nach denen bestimmte Rechte des Käufers wegen einer mangelhaften Lieferung ausgeschlossen werden, gelten auch bei arglistig verschwiegenen Mängeln.
2. Ein Käufer muss das Vorliegen eines Mangels beim einseitigen Handelskauf immer beweisen, wenn er im Streitfall rechtliche Ansprüche durchsetzen will.
3. Bei einem zweiseitigen Handelskauf muss der Käufer die Ware unverzüglich nach Ablieferung prüfen; für die Anzeige des Mangels hat er dann einen Monat Zeit.
4. Hinsichtlich der Verjährungsfristen bei Ansprüchen wegen mangelhafter Lieferung gibt es keine Unterschiede zwischen einem Verbrauchsgüterkauf und sonstigen Kaufverträgen.
5. Beim Verbrauchsgüterkauf wird innerhalb der ersten sechs Monate nach Lieferung zugunsten des Käufers grundsätzlich vermutet, dass die Sache bereits bei Lieferung mangelhaft war (Beweislastumkehr).

▶ ☐

54. Aufgabe

Im Oktober kaufte ein Industrieunternehmen eine teilautomatisierte Metallsäge mit einer Werksgarantie von einem Jahr. Im Januar des folgenden Jahres traten Mängel auf (Materialvorschub arbeitet nicht einwandfrei).
Prüfen Sie, welche Feststellung hinsichtlich der Rechte des Käufers zutrifft.

1. Der Käufer kann nur Umtausch verlangen, weil der Metallsäge eine ausdrücklich zugesicherte Eigenschaft fehlt.
2. Der Käufer kann nur die Reparatur der Metallsäge verlangen.
3. Grundsätzlich kann der Käufer als Nacherfüllung die Beseitigung des Mangels oder die Lieferung einer einwandfreien Metallsäge verlangen.
4. Der Käufer kann nach Auftreten des Mangels sofort vom Vertrag zurücktreten.
5. Der Käufer kann nach Auftreten des Mangels sofort die nachträgliche Herabsetzung des Kaufpreises verlangen.

▶ ☐

Rechtliche Rahmenbedingungen des Wirtschaftens

55. Aufgabe

Prüfen Sie, welche Feststellung zum Schadenersatzanspruch des Käufers bei mangelhafter Lieferung zutrifft.

1. Wenn der Käufer vom Vertrag zurücktritt, kann er keinen Schadenersatz geltend machen.
2. Wenn der Käufer Minderung verlangt, kann er zusätzlich keinen Schadenersatz verlangen.
3. Der Käufer kann auch ohne Verschulden des Verkäufers Schadenersatz verlangen, wenn dieser eine ausdrückliche Garantie für bestimmte Eigenschaften der Sache übernommen hat.
4. Der Käufer muss zunächst immer eine angemessene Nachfrist setzen, bevor er Schadenersatz verlangen kann.
5. Der Käufer kann immer Nachbesserungen und Schadenersatz verlangen.

56. Aufgabe

Prüfen Sie mithilfe des unten stehenden Auszuges aus den Allgemeinen Geschäftsbedingungen der Reko Holzbau GmbH, welche Feststellung zum Vertragsabschluss bzw. Vertragsinhalt zutreffend ist.

1. Für den Umfang der Lieferungen und Leistungen ist allein die schriftliche Erklärung des Verkäufers maßgebend.
2. Ein Vertrag kommt nur durch übereinstimmende mündliche Erklärungen von Käufer und Verkäufer zustande.
3. Zeichnungen und Kostenvoranschläge werden nach Abschluss des Vertrages Eigentum des Kunden.
4. Was und wie viel geliefert wird, muss vom Käufer und Verkäufer schriftlich und übereinstimmend festgelegt werden.
5. Dritte können in die Bauzeichnung und andere Unterlagen, die der Lieferer dem Kunden zur Verfügung stellt, jederzeit Einsicht nehmen, wenn sie telefonisch angefragt haben.

> **Reko Holzbau GmbH**
>
> **Allgemeine Geschäftsbedingungen (Auszug)**
>
> § 1 Umfang der Lieferungen oder Leistungen
>
> a) Für den Umfang der Lieferungen oder Leistungen sind die beiderseitigen schriftlichen Erklärungen maßgebend.
>
> b) An Kostenvoranschlägen, Zeichnungen und anderen Unterlagen behält sich der Lieferer Eigentumsrecht uneingeschränkt vor; sie dürfen nur mit vorheriger schriftlicher Zustimmung des Lieferers Dritten zugänglich gemacht werden.

57. Aufgabe

Unter welcher Voraussetzung kommt ein Lieferer in Lieferungsverzug (Nicht-Rechtzeitig-Lieferung)?

1. Die rechtzeitige Lieferung wird durch höhere Gewalt verhindert.
2. Im Zulieferbetrieb wird gestreikt, eine rechtzeitige Lieferung ist nicht möglich.
3. Die rechtzeitige Lieferung kann wegen starken Schneefalls nicht erfolgen.
4. Die Erzeugnisse sind wegen der Betriebsferien nicht rechtzeitig lieferbar.
5. Bei einem Fixkauf zum 30. April wird erst am späten Nachmittag (16:00 Uhr) geliefert.

58. Aufgabe

Welches Recht werden Sie als Käufer zweckmäßigerweise geltend machen, wenn der Lieferant nach einer angemessenen Nachfristsetzung in Lieferungsverzug (Nicht-Rechtzeitig-Lieferung) geraten ist und die Waren bei einem anderen Lieferanten sofort billiger zu haben sind?

1. Sie treten vom Vertrag zurück.
2. Sie verzichten auf die Lieferung und verlangen Schadenersatz für den Preisunterschied beim Deckungskauf.
3. Sie bestehen auf Lieferung und verlangen Schadenersatz für den entgangenen Gewinn.
4. Sie lehnen die Lieferung ab und fordern nur Schadenersatz für den entgangenen Gewinn.
5. Sie setzen eine weitere Nachfrist.

▶ ☐

59. Aufgabe

Eine Lieferung, die im November eintreffen sollte, ist am 11. Dezember noch nicht eingegangen. Welches Recht können Sie als Kunde geltend machen, wenn ein Verschulden des Lieferers vorliegt?

1. Sie können sofort vom Vertrag zurücktreten.
2. Sie können ohne Nachfristsetzung auf Lieferung bestehen.
3. Ab 1. Dezember ist der Verkäufer auch ohne Mahnung in Verzug und schadenersatzpflichtig.
4. Nach einer angemessenen Frist, die Sie dem Lieferanten mitteilen, können Sie vom Vertrag zurücktreten, aber keinen Schadenersatz verlangen.
5. Sie können ohne Nachfristsetzung auf die Lieferung verzichten und Schadenersatz wegen Nichterfüllung verlangen.

▶ ☐

60. Aufgabe

Die Unterscheidung zwischen Verbrauchsgüterkauf und sonstigen Kaufverträgen hat wegen unterschiedlicher Rechtsfolgen erhebliche Bedeutung.
In welchem Fall handelt es sich um einen Verbrauchsgüterkauf?

1. Der Inhaber einer Landschaftsgärtnerei kauft bei einem Baumarkt eine Kettensäge für seinen Betrieb.
2. Der Geschäftsführer eines Kleiderwerkes kauft bei einer Gerätegroßhandlung eine Kettensäge für den Garten bei seinem Wohnhaus.
3. Der Einkäufer eines Möbelherstellers kauft für die Werkskantine einen Kühlschrank in einem Verbrauchermarkt.
4. Ein Angestellter in einem Chemiewerk kauft von einem Arbeitskollegen ein neues Fernsehgerät.
5. Der Einkäufer eines Möbelherstellers kauft für den Aufenthaltsraum des Betriebes ein neues Fernsehgerät von einem Angestellten dieses Unternehmens.

▶ ☐

Situation zur 61. und 62. Aufgabe

Die Einkaufsabteilung der Metallwerke GmbH bestellt bei einem Lieferanten, mit dem bisher keine Geschäftsbeziehung bestand, 10 Rollen Bandstahl. Die Lieferung soll lt. Vertrag in der ersten Märzhälfte erfolgen, da der Vorrat an Bandstahl Ende März voraussichtlich aufgebraucht ist. Am 23. März meldet die Fertigung, dass die letzte Rolle Bandstahl angebrochen wurde. Die Lieferung ist noch nicht eingegangen.

61. Aufgabe

Prüfen Sie, welche Kaufvertragsart vorliegt.

1. Fixkauf
2. Deckungskauf
3. Einseitiger Handelskauf
4. Spezifikationskauf
5. Terminkauf

▶ ☐

62. Aufgabe

Prüfen Sie, welche Rechtslage hinsichtlich der Lieferungsverzögerung besteht.

1. Da es bei den Metallwerken wegen der Lieferungsverzögerung zu Produktionsstörungen kommt, muss der Lieferant den daraus entstehenden Schaden zahlen.
2. Die Metallwerke GmbH kann vom Vertrag zurücktreten und bei einem anderen Lieferanten einkaufen.
3. Die Metallwerke GmbH muss den Lieferanten mahnen und ihn auffordern, bis zu einem bestimmten Termin den Bandstahl zu liefern.
4. Der Lieferant ist in der Situation der Nicht-Rechtzeitig-Lieferung (Lieferungsverzug), da lt. Vertrag in der ersten Märzhälfte geliefert werden sollte.
5. Die Metallwerke GmbH kann vom Vertrag zurücktreten, wenn am 24. März die Lieferung noch nicht eingegangen ist.

▶ ☐

Situation zur 63. Aufgabe

Als Mitarbeiter/-in in der Einkaufsabteilung der Büromöbel GmbH haben Sie am 15. Januar bei der Dornemann KG 500 Tischlerplatten lt. Angebot bestellt. Im Angebot war eine Lieferzeit von 14 Tagen angegeben. Bis 5. Februar sind die Platten nicht eingegangen. Inzwischen haben Sie ein Angebot von einem wesentlich preisgünstigeren Lieferanten vorliegen.

63. Aufgabe

Wie verhalten Sie sich unter Berücksichtigung der gesetzlichen Regelungen im BGB richtig?

1. Am gleichen Tag teilen Sie der Dornemann KG telefonisch mit, dass Sie die Lieferung wegen Überschreitung der vereinbarten Lieferzeit ablehnen und bestätigen das auch schriftlich.
2. Sie fordern die Dornemann KG am 5. Februar per Fax auf, die dringend benötigten Platten zu liefern.
3. Sie mahnen die Dornemann KG am 5. Februar per Fax und fordern die Lieferung mit einer Nachfristsetzung von 8 Tagen an.
4. Mit Fax vom 5. Februar lehnen Sie die Lieferung wegen Nicht-Rechtzeitig-Leistung ab und verlangen von der Dornemann KG Schadenersatz wegen Nichterfüllung, weil Sie die dringend benötigten Platten bei einem anderen Lieferanten sofort zu einem höheren Preis bekommen können.
5. Sie teilen der Dornemann KG am 6. Februar mit, dass sie bereits seit 30. Januar in Lieferungsverzug (Nicht-Rechtzeitig-Lieferung) geraten sei, bestehen auf sofortiger Lieferung und behalten sich Schadenersatzansprüche wegen der verspäteten Lieferung vor.

▶ ☐

Situation zur 64. und 65. Aufgabe

Sie sind Mitarbeiter/-in der Kleiderwerke Behrendt GmbH. In einem Zweigbetrieb direkt hinter der belgischen Grenze soll eine neue Heizungsanlage eingebaut werden. U.a. liegt Ihnen auch ein Angebot der Müller Heizungsbau GmbH vor. Dem Angebot liegen die Allgemeinen Geschäftsbedingungen der Firma Müller bei.

Abbildung zur 64. und 65. Aufgabe

Müller Heizungsbau GmbH

Allgemeine Geschäftsbedingungen für Bauverträge (Auszug)

§ 3 Preise

1. Alle Preise gelten nur bei ungeteilter Bestellung des angebotenen Objektes und bei ununterbrochener Montage mit anschließender Inbetriebnahme.
2. Für Über-, Nacht-, Sonn- und Feiertagsstunden sowie Arbeit unter erschwerten Bedingungen werden Zuschläge berechnet.
3. Leistungen, die später als 4 Monate nach Vertragsschluss erbracht werden, berechtigen den Auftragnehmer, bei nach Angebotsabgabe eingetretenen Lohn- und/oder Materialpreiserhöhungen Verhandlungen über eine Anpassung des Preises zu verlangen.

§ 4 Zahlungen

1. Die Zahlungen sind ohne jeden Abzug frei Zahlstelle des Auftragsnehmers in Euro zu leisten.
2. Tagelohnarbeiten sind sofort nach Rechnungslegung zahlbar.
3. Akzepte oder Kundenwechsel werden nur erfüllungshalber angenommen; die hierbei anfallenden Kosten und Spesen gehen zulasten des Zahlungspflichtigen.

64. Aufgabe

Prüfen Sie, welche Feststellung zu den Preisen mit den Allgemeinen Geschäftsbedingungen der Firma Müller übereinstimmt.

1. Für Überstunden werden keine Zuschläge berechnet.
2. Nur für Arbeiten unter erschwerten Bedingungen werden Zuschläge berechnet.
3. Leistungen, die später als drei Monate nach Vertragsabschluss erbracht werden, berechtigen grundsätzlich zu Preiserhöhungen.
4. Die Preise gelten nur bei ununterbrochener Montage. Die Inbetriebnahme kann später erfolgen.
5. Werden Leistungen später als 4 Monate nach Vertragsabschluss erbracht, kann dies u.U. zu Verhandlungen über Preisanpassungen führen.

65. Aufgabe

Prüfen Sie, welche Feststellung zu den Zahlungsbedingungen mit den Allgemeinen Geschäftsbedingungen übereinstimmt.

1. Tagelohnarbeiten müssen innerhalb von 14 Tagen grundsätzlich bar gezahlt werden.
2. Kosten für die Zahlung mit Wechseln gehen zulasten der Müller Heizungsbau GmbH.
3. Zahlungen sind ohne jeden Abzug in inländischer Währung oder Dollar zu leisten.
4. Die Zahlung mit Akzepten ist ausgeschlossen.
5. Zahlungen sind ohne Skontoabzug zu leisten.

Situation zur 66. und 67. Aufgabe

Beurteilen Sie die Sachverhalte mithilfe unten stehender Auszüge aus den AGB-Bestimmungen.

Abbildung zur 66. und 67. Aufgabe

Bürgerliches Gesetzbuch, §§ 305 f. – Allgemeine Geschäftsbedingungen

§ 305
Einbeziehung Allgemeiner Geschäftsbedingungen in den Vertrag
(1) Allgemeine Geschäftsbedingungen sind alle für eine Vielzahl von Verträgen vorformulierten Vertragsbedingungen, die eine Vertragspartei (Verwender) der anderen Vertragspartei bei Abschluss eines Vertrags stellt. (…) Allgemeine Geschäftsbedingungen liegen nicht vor, soweit die Vertragsbedingungen zwischen den Vertragsparteien im Einzelnen ausgehandelt sind.
(2) Allgemeine Geschäftsbedingungen werden nur dann Bestandteil eines Vertrags, wenn der Verwender bei Vertragsschluss
1. die andere Vertragspartei ausdrücklich oder (…) durch deutlich sichtbaren Aushang am Orte des Vertragsschlusses auf sie hinweist und
2. der anderen Vertragspartei die Möglichkeit verschafft, in zumutbarer Weise (…) von ihrem Inhalt Kenntnis zu nehmen, und wenn die andere Vertragspartei mit ihrer Geltung einverstanden ist.

§ 305b
Vorrang der Individualabrede
Individuelle Vertragsabreden haben Vorrang vor Allgemeinen Geschäftsbedingungen.

§ 305c
Überraschende und mehrdeutige Klauseln
(1) Bestimmungen in Allgemeinen Geschäftsbedingungen, die nach den Umständen, insbesondere nach dem äußeren Erscheinungsbild des Vertrags, so ungewöhnlich sind, dass der Vertragspartner des Verwenders mit ihnen nicht zu rechnen braucht, werden nicht Vertragsbestandteil.
(…)

§ 307
Inhaltskontrolle
(1) Bestimmungen in Allgemeinen Geschäftsbedingungen sind unwirksam, wenn sie den Vertragspartner des Verwenders entgegen den Geboten von Treu und Glauben unangemessen benachteiligen. Eine unangemessene Benachteiligung kann sich auch daraus ergeben, dass die Bestimmung nicht klar und verständlich ist.
(2) Eine unangemessene Benachteiligung ist im Zweifel anzunehmen, wenn eine Bestimmung
1. mit wesentlichen Grundgedanken der gesetzlichen Regelung, von der abgewichen wird, nicht zu vereinbaren ist oder
2. wesentliche Rechte oder Pflichten, die sich aus der Natur des Vertrags ergeben, so einschränkt, dass die Erreichung des Vertragszwecks gefährdet ist.

§ 308
Klauselverbote mit Wertungsmöglichkeit In Allgemeinen Geschäftsbedingungen ist insbesondere unwirksam
(…)
(Vertragsstrafe)
eine Bestimmung, durch die dem Verwender für den Fall der Nichtabnahme oder verspäteten Abnahme der Leistung, des Zahlungsverzugs oder für den Fall, dass der andere Vertragsteil sich vom Vertrag löst, Zahlung einer Vertragsstrafe versprochen wird;
(…)
(Beweislast)
eine Bestimmung, durch die der Verwender die Beweislast zum Nachteil des anderen Vertragsteils ändert, insbesondere indem er
a) diesem die Beweislast für Umstände auferlegt, die im Verantwortungsbereich des Verwenders liegen, (…)

66. Aufgabe

Prüfen Sie, welcher generelle Grundsatz für die Allgemeinen Geschäftsbedingungen gilt.

1. Persönliche Absprachen in Verträgen haben keinen Vorrang vor den Allgemeinen Geschäftsbedingungen.
2. Der Vertragspartner des Verwenders darf nicht unangemessen benachteiligt werden.
3. Allgemeine Geschäftsbedingungen werden automatisch Bestandteil des Vertrages.
4. Dem Kunden obliegt grundsätzlich die Beweislast bei Prozessen über Vertragsvereinbarungen.
5. Vereinbarungen von Vertragsstrafen bei Annahmeverweigerung des Kunden sind möglich.

67. Aufgabe

Dem Angebot der Firma Büromöbel GmbH über einen Schreibtisch lagen Allgemeine Geschäftsbedingungen bei. Henkel, ein Kunde der Büromöbel GmbH, hat bei der Auslegung eine andere Auffassung über die Gültigkeit als der Inhaber der Firma Büromöbel GmbH. Welche Meinung entspricht den AGB-Bestimmungen im BGB?

1. Die AGB sind immer bindender Bestandteil eines Vertrages.
2. Auch überraschende Klauseln muss der Vertragspartner gegen sich gelten lassen.
3. Die AGB müssen zwischen den Vertragspartnern einzeln ausgehandelt sein.
4. Zweifel bei der Auslegung der AGB gehen zulasten der Firma Büromöbel GmbH.
5. Henkel hat die AGB nicht gelesen, damit sind sie kein Bestandteil des Vertrages.

Situation zur 68. bis 70 Aufgabe

Einer Ihrer Freunde, Frank Schnell, möchte eine kleine Fahrradreparaturwerkstatt eröffnen. Sie sollen ihm in Verbindung mit der Unternehmensgründung einige Rechtsfragen beantworten.

In der Werkstatt werden noch zwei Bekannte des Freundes mitarbeiten. Einer der Bekannten leiht dem Freund für die Geschäftsgründung 10.000,00 EUR, die mit 4 % verzinst werden sollen. Ein in kaufmännischer Weise eingerichteter Geschäftsbetrieb ist zunächst nicht notwendig. Trotzdem ist Ihr Freund zur Erleichterung im Geschäftsverkehr (beispielsweise Kreditaufnahme) an der Eintragung seiner kleinen Firma in das Handelsregister interessiert.

Beantworten Sie die Fragen mithilfe der unten stehenden Auszüge aus dem Handelsgesetzbuch (HGB) mit den in Verbindung mit der Euro-Einführung beschlossenen Neuregelungen des Kaufmanns- und Firmenrechtes.

Abbildung zur 68. bis 70. Aufgabe

Handelsgesetzbuch (Auszug)

§ 1. [Istkaufmann] (1) Kaufmann im Sinne dieses Gesetzbuchs ist, wer ein Handelsgewerbe betreibt.

(2) Handelsgewerbe ist jeder Gewerbebetrieb, es sei denn, dass das Unternehmen nach Art oder Umfang einen in kaufmännischer Weise eingerichteten Geschäftsbetrieb nicht erfordert.

§ 2. [Kannkaufmann] [1]Ein gewerbliches Unternehmen, dessen Gewerbebetrieb nicht schon nach § 1 Abs. 2 Handelsgewerbe ist, gilt als Handelsgewerbe im Sinne dieses Gesetzbuchs, wenn die Firma des Unternehmens in das Handelsregister eingetragen ist. [2]Der Unternehmer ist berechtigt, aber nicht verpflichtet, die Eintragung nach den für die Eintragung kaufmännischer Firmen geltenden Vorschriften herbeizuführen.

§ 4. [Minderkaufmann] *(aufgehoben)*

§ 9. [Einsicht des Handelsregisters; Abschriften; Bescheinigungen] (1) Die Einsicht des Handelsregisters sowie der zum Handelsregister eingereichten Schriftstücke ist jedem gestattet.

(2) [1]Von den Eintragungen und den zum Handelsregister eingereichten Schriftstücken kann eine Abschrift gefordert werden. ... [3]Die Abschrift ist von der Geschäftsstelle zu beglaubigen, sofern nicht auf die Beglaubigung verzichtet wird. [4]Wird das Handelsregister in maschineller Form als automatisierte Datei geführt, so tritt an die Stelle der Abschrift der Ausdruck und an die Stelle der beglaubigten Abschrift der amtliche Ausdruck.

§ 17. [Begriff] (1) Die Firma eines Kaufmanns ist der Name, unter dem er seine Geschäfte betreibt und die Unterschrift abgibt.

(2) Ein Kaufmann kann unter seiner Firma klagen und verklagt werden.

§ 18. [Firma des Kaufmanns] (1) Die Firma muss zur Kennzeichnung des Kaufmanns geeignet sein und Unterscheidungskraft besitzen.

(2) [1]Der Firma darf keine Angaben enthalten, die geeignet sind, über geschäftliche Verhältnisse, die für die angesprochenen Verkehrskreise wesentlich sind, irrezuführen.

§ 19. [Bezeichnung der Firma bei Einzelkaufleuten, einer OHG oder KG] (1) Die Firma muss ... enthalten:

1. bei Einzelkaufleuten die Bezeichnung „eingetragener Kaufmann", „eingetragene Kauffrau" oder eine allgemein verständliche Abkürzung dieser Bezeichnung, insbesondere „e. K.", „e. Kfm." oder „e. Kfr.";
2. bei einer offenen Handelsgesellschaft die Bezeichnung „offene Handelsgesellschaft" oder eine allgemein verständliche Abkürzung dieser Bezeichnung;
3. bei einer Kommanditgesellschaft die Bezeichnung „Kommanditgesellschaft" oder eine allgemein verständliche Abkürzung dieser Bezeichnung.

68. Aufgabe

Kann die zu gründende kleine Fahrradreparaturwerkstatt in das Handelsregister eingetragen und eine Firmenbezeichnung (Firma) geführt werden?

1. Nein, weil es sich bei der Reparaturwerkstatt nicht um ein Handelsgewerbe handelt.
2. Nein, weil sich der Bekannte an der Geschäftsgründung nur mit einem Darlehen und nicht mit einer Geschäftseinlage beteiligt.
3. Ja, weil in dem Betrieb von Anfang an mehr als zwei Personen tätig sind und das Geschäftsvermögen mehr als 10.000,00 EUR beträgt.
4. Nein, weil für den kleinen Betrieb ein in kaufmännischer Weise eingerichteter Geschäftsbetrieb nicht erforderlich ist. Der Freund ist deswegen nur Minderkaufmann.
5. Ja, wenn der Freund seine Firma nach den geltenden Vorschriften in das Handelsregister eintragen lässt.

69. Aufgabe

Prüfen Sie, welche Firmenbezeichnung der Freund führen kann.

1. Frank Schnell, Fahrradreparaturen
2. Fahrradreparaturen F. Schnell & Co.
3. Eurobike Servicecenter Frank Schnell
4. Fahrradservice Frank Schnell e. K.
5. Frank Schnell KG, Fahrradservice

70. Aufgabe

Ihr Freund möchte auch wissen, wer die Handelsregistereintragung in welchem Umfang einsehen kann. Prüfen Sie, welche Feststellung der Rechtslage entspricht.

1. In das Handelsregister können nur natürliche und juristische Personen Einsicht nehmen, die selbst im Handelsregister eingetragen sind.
2. In das Handelsregister können nur Personen Einsicht nehmen, die ein berechtigtes Interesse nachweisen.
3. In das Handelsregister kann jeder Einsicht nehmen und die beglaubigte Abschrift von eingereichten Schriftstücken bzw. deren Dateiausdruck verlangen.
4. In das Handelsregister kann jeder Einsicht nehmen; die eingereichten Schriftstücke können jedoch nur bei berechtigtem Interesse eingesehen werden.
5. In das Handelsregister kann jeder Einsicht nehmen und eine Abschrift bzw. einen Ausdruck der eingereichten Schriftstücke verlangen. Eine Beglaubigung erfolgt nur bei nachgewiesenem berechtigtem Interesse.

Situation zur 71. bis 76. Aufgabe

Ernst Müller will mit seinem Bruder Herbert eine Gesellschaft mit beschränkter Haftung (GmbH) gründen. Die Gesellschaft soll durch Kapitaleinlagen finanziert werden.
Sacheinlagen sind nicht vorgesehen.

Abbildung zur 71. bis 76. Aufgabe

GmbH-Gesetz i. d. Fassung von 2008 (Auszug)

§ 5
Stammkapital; Geschäftsanteil
(1) Das Stammkapital der Gesellschaft muss mindestens fünfundzwanzigtausend Euro betragen.
(2) Der Nennbetrag jedes Geschäftsanteils muss auf volle Euro lauten. Ein Gesellschafter kann bei Errichtung der Gesellschaft mehrere Geschäftsanteile übernehmen.
(3) Die Höhe der Nennbeträge der einzelnen Geschäftsanteile kann verschieden bestimmt werden. Die Summe der Nennbeträge aller Geschäftsanteile muss mit dem Stammkapital übereinstimmen.

§ 7
Anmeldung der Gesellschaft
(1) Die Gesellschaft ist bei dem Gericht, in dessen Bezirk sie ihren Sitz hat, zur Eintragung in das Handelsregister anzumelden.
(2) Die Anmeldung darf erst erfolgen, wenn auf jeden Geschäftsanteil, soweit nicht Sacheinlagen vereinbart sind, ein Viertel des Nennbetrags eingezahlt ist. Insgesamt muss auf das Stammkapital mindestens so viel eingezahlt sein, dass der Gesamtbetrag der eingezahlten Geldeinlagen zuzüglich des Gesamtnennbetrags der Geschäftsanteile, für die Sacheinlagen zu leisten sind, die Hälfte des Mindeststammkapitals gemäß § 5 Abs. 1 erreicht.

§ 11
Rechtszustand vor der Eintragung
(1) Vor der Eintragung in das Handelsregister des Sitzes der Gesellschaft besteht die Gesellschaft mit beschränkter Haftung als solche nicht.
(2) Ist vor der Eintragung im Namen der Gesellschaft gehandelt worden, so haften die Handelnden persönlich und solidarisch.

71. Aufgabe

Wie viel Euro beträgt das Stammkapital der GmbH mindestens?

Tragen Sie das Ergebnis unmittelbar in die Kästchen ein.

EUR

72. Aufgabe

Wie viel Euro beträgt der Geschäftsanteil von Herbert Müller mindestens?

Tragen Sie das Ergebnis unmittelbar in die Kästchen ein.

EUR

73. Aufgabe

Wie viel Prozent seines Geschäftsanteils muss Herbert Müller bis zur Anmeldung der GmbH für die Eintragung in das Handelsregister mindestens einzahlen?

Tragen Sie das Ergebnis unmittelbar in die Kästchen ein.

%

74. Aufgabe

Wie viel Euro müssen die Brüder Müller mindestens bis zur Anmeldung der GmbH beim Amtsgericht auf das Stammkapital eingezahlt haben?

Tragen Sie das Ergebnis unmittelbar in die Kästchen ein.

EUR

75. Aufgabe

Zu welcher Unternehmungsform gehört die Gesellschaft der Brüder Müller?

1. Einzelunternehmen
2. Gesellschaft des bürgerlichen Rechts
3. Personengesellschaft
4. Kapitalgesellschaft
5. Stille Gesellschaft

76. Aufgabe

Prüfen Sie, wann die GmbH rechtsfähig wird.

1. Mit der Eintragung der GmbH in das Handelsregister
2. Mit der Anmeldung der GmbH beim Amtsgericht
3. Mit der Aufnahme von Herbert Müller als Gesellschafter
4. Mit der Einzahlung der Stammeinlage
5. Mit der Beurkundung der Firmengründung durch den Notar

77. Aufgabe

Im Gesellschaftsvertrag der Kleyer OHG wird festgelegt, dass der Gesellschafter Schmidt im Falle eines Konkurses nicht mit seinem Privatvermögen zu haften braucht.
Welche Wirkung hat diese Vertragsklausel?

1. Er haftet nur mit seiner Geschäftseinlage.
2. Er haftet unbeschränkt, der Vertragspassus gilt nur im Innenverhältnis und ist nach außen ohne rechtliche Wirkung.
3. Er haftet nur, wenn das Geschäftsvermögen nicht ausreicht.
4. Er haftet nur, wenn das Geschäftsvermögen der anderen Gesellschafter nicht ausreicht.
5. Er haftet nur dann nicht, wenn der Gesellschaftsvertrag notariell beurkundet und veröffentlicht worden ist.

Situation zur 78. Aufgabe

Die Kleyer OHG hat im abgelaufenen Geschäftsjahr einen Gewinn von 320.000,00 Euro erzielt. Der Gewinn soll an die vier Gesellschafter wie folgt verteilt werden: 4% auf den jeweiligen Kapitalanteil der Gesellschafter und der Rest des Gewinnes nach Köpfen.

Die Gesellschafter besitzen folgende Kapitalanteile:

	in Tausend EUR
Horst Müller	400
Pia Müller	200
Franz August	100
Otto Schmidt	100

78. Aufgabe

Wie viel Euro Gewinnanteil erhält Pia Müller?

Tragen Sie das Ergebnis unmittelbar in die Kästchen ein.

EUR

79. Aufgabe

Ordnen Sie zu, indem Sie die Kennziffern von **2** der insgesamt 5 Firmenbezeichnungen in die Kästchen bei den Erläuterungen eintragen.

Firmenbezeichnungen

1. AG
2. OHG
3. Einzelunternehmung
4. KG
5. GmbH

Erläuterungen

Die Gesellschafter können zwischen einer Personen- oder einer Sachfirma mit dem jeweiligen Firmenzusatz wählen. Als Personenfirma erhält sie den Namen eines oder mehrerer Gesellschafter. Als Sachfirma ist sie dem Gegenstand des Unternehmens entnommen. ☐

Die Firma muss zur Kennzeichnung geeignet sein. Sie muss die Bezeichnung „eingetragener Kaufmann" bzw. „eingetragene Kauffrau" (e.K.) enthalten. ☐

80. Aufgabe

Prüfen Sie, in welcher Zeile die Rechte und Pflichten der Komplementäre und Kommanditisten einer KG richtig zugeordnet sind und tragen Sie die entsprechende Kennziffer in das Kästchen ein.

Rechte und Pflichten eines Komplementärs	Rechte und Pflichten eines Kommanditisten
1. Der Gesellschafter haftet bei seinem Ausscheiden aus der KG unbefristet für die bis zu seinem Ausscheiden begründeten Verbindlichkeiten.	Der Gesellschafter haftet bis zur Höhe seiner Kapitaleinlage.
2. Der Gesellschafter haftet mit seinem Geschäfts- und Privatvermögen.	Der Gesellschafter ist auch zur Vertretung der Gesellschaft berechtigt.
3. Der Gesellschafter ist berechtigt, aus der Gesellschaftskasse Entnahmen bis zur Höhe seiner Kapitaleinlage zu machen.	Der Gesellschafter ist berechtigt, den Jahresabschluss durch Einsicht in die Bücher zu prüfen.
4 Der Gesellschafter haftet bei seinem Ausscheiden noch 5 Jahre für die bis zu seinem Ausscheiden begründeten Verbindlichkeiten.	Der Gesellschafter ist von der Führung der Geschäfte ausgeschlossen. Bei außergewöhnlichen Geschäften hat er ein Widerspruchsrecht.
5. Der Gesellschafter ist berechtigt, aus der Gesellschaftskasse Entnahmen bis zu 4 % seines Kapitalanteils zu machen.	Der Gesellschafter hat das Recht, weitere Kommanditisten in die Gesellschaft aufzunehmen.

▶ ☐

3. Menschliche Arbeit im Betrieb

Situation zur 81. bis 85. Aufgabe

Sie sind Mitarbeiter/-in in der Schneider GmbH. Das Unternehmen stellt Büromöbel her. Die Gesellschaft hat zwei Gesellschafter (Berg, Löw) und einen Prokuristen (Müller) mit Einzelprokura. Dies ist im Handelsregister eingetragen. Der Mitarbeiterin Maus wurde die allgemeine Handlungsvollmacht übertragen.

81. Aufgabe

Wie muss Frau Maus Geschäftspost richtig unterschreiben?

1. Schneider GmbH   ppa. Maus
2. Schneider GmbH   pp. Maus
3. Schneider GmbH   i. V. Maus
4. Schneider GmbH   Maus
5. Schneider GmbH   i. A. Maus

82. Aufgabe

Welche Entscheidungen darf Frau Maus ohne besondere Befugnisse treffen?

1. Arbeiter und Angestellte einstellen
2. Wechsel akzeptieren
3. Darlehen aufnehmen
4. Grundstücke verkaufen
5. Steuererklärungen des Geschäftsinhabers unterschreiben

83. Aufgabe

Zu welchen Rechtshandlungen ist der Prokurist der Firma Schneider nach dem Handelsgesetzbuch ohne zusätzliche Befugnisse berechtigt?

1. Er kann eine Gesellschaft zur Eintragung ins Handelsregister anmelden.
2. Er kann Darlehen aufnehmen.
3. Er kann die Bilanzen unterschreiben.
4. Er kann für die Firma Schneider Insolvenz oder Vergleich anmelden.
5. Er kann Grundstücke der Firma Schneider verkaufen.

84. Aufgabe

Welche Rechtshandlung ist dem Prokuristen der Schneider GmbH verboten?

1. Mitarbeiter einstellen
2. Mitarbeiter entlassen
3. Vollmachten erteilen
4. Betriebsgrundstücke kaufen
5. Neue Gesellschafter aufnehmen

85. Aufgabe

Wie unterzeichnet der Prokurist Müller seine Geschäftspost richtig?

1. Schneider GmbH ppa. Müller
2. Schneider GmbH i. V. Müller
3. Schneider GmbH i. A. Müller
4. Schneider GmbH ppa. Berg pp. Müller
5. Schneider GmbH Müller

86. Aufgabe

Beurteilen Sie nachstehende Fälle im Hinblick auf die notwendigen Vollmachten!
Ordnen Sie zu, indem Sie die Kennziffern von **3** der insgesamt 7 Fälle in die Kästchen bei den entsprechenden Vollmachten eintragen.

Fälle

1. Eine Mitarbeiterin der Finanzabteilung eines mittelständigen Leuchtenherstellers wird vom Geschäftsführer beauftragt, mit der Hausbank einen Darlehnsvertrag abzuschließen.
2. Ein junger Mitarbeiter eines Büromöbelherstellers wird beauftragt, für die Fahrt zur Messe einen geeigneten Pkw zu mieten.
3. Die Abteilungsleiterin der Einkaufsabteilung eines Bekleidungsherstellers schließt bei einem Messebesuch mehrere Kaufverträge ab.
4. Die Auszubildende eines Modeschmuckherstellers erhält vom Chef den Auftrag, Blumenschmuck für eine Betriebsfeier im Rahmen einer bestimmten Summe zu kaufen.
5. Die Leiterin der Rechtsabteilung eines großen Bauunternehmens kauft regelmäßig Grundstücke und wickelt auch die hierfür notwendigen Finanzierungs- und Darlehnsgeschäfte ab.
6. Ein Mitarbeiter der Rechtsabteilung einer Metallwarenfabrik kauft mit Vollmacht der Geschäftsleitung ein Grundstück.
7. Ein Mitarbeiter aus der Geschäftsleitung eines mittelständigen Unternehmens zur Herstellung von Fahrzeugteilen ist berechtigt, laufende Geschäfte aus verschiedenen Bereichen des Unternehmens abzuschließen.

Vollmachten

Allgemeine Handlungsvollmacht	☐
Artvollmacht	☐
Prokura	☐

---

87. Aufgabe

Prüfen Sie, für welche Personen eines Industrieunternehmens mit 200 Mitarbeitern ein besonderer gesetzlicher Kündigungsschutz besteht.

1. Für alle Mitarbeiter, die einer Gewerkschaft angehören
2. Für alle Mitarbeiter, die nicht älter als 21 Jahre alt sind
3. Für alle Arbeitnehmer mit denen eine Probezeit vereinbart wurde
4. Für alle Mitglieder der Jugend- und Auszubildendenvertretung
5. Für alle Arbeitnehmerinnen und Arbeitnehmer mit einem zeitlich befristeten Arbeitsvertrag

▶ ☐

---

88. Aufgabe

Ein Tarifvertrag enthält folgende Vereinbarung: „Die regelmäßige Arbeitszeit beträgt ohne Pausen 37,5 Stunden in der Woche. Betrieblich kann eine kürzere Arbeitszeit vereinbart werden." Was bedeutet das?

1. Die Lohnvereinbarungen beziehen sich grundsätzlich auf eine 37,5-Stunden-Woche. Mehrarbeit muss durch entsprechende Überstundenzuschläge vergütet werden.
2. Eine kürzere Arbeitszeit kann nur dann vorgesehen werden, wenn dafür mindestens 37,5 Lohnstunden vergütet werden.
3. Kein Beschäftigter darf aufgefordert werden, Überstunden gegen Entgelt zu leisten.
4. Es darf in keinem Fall länger als 37,5 Stunden wöchentlich gearbeitet werden.
5. Neueinstellungen können nur vorgenommen werden, wenn alle Beschäftigten in der Woche mindestens 37,5 Stunden arbeiten.

89. Aufgabe

Samstag wird nicht gearbeitet. Dem Angestellten Krüger stehen für das laufende Jahr noch 6 Tage Urlaub zu. Im Tarifvertrag heißt es, dass der Urlaub nach „Arbeitstagen" zu berechnen sei. Krüger beansprucht deshalb eine Urlaubszeit, die von Mittwoch dieser Woche bis einschließlich Mittwoch nächster Woche reicht.
Wie entscheiden Sie sich als Sachbearbeiter in der Personalabteilung richtig?

1. Da am Samstag hier nicht gearbeitet wird, zählt er auch nicht als Arbeitstag. Der Anspruch besteht zu Recht.
2. Der arbeitsfreie Samstag ist in die Urlaubszeit einzubeziehen. Krüger muss demnach bereits am Mittwoch nächster Woche seinen Dienst wieder aufnehmen.
3. Nur bei Mitarbeitern im Angestelltenverhältnis ist der freie Samstag in die Urlaubszeit einzubeziehen.
4. Es hängt davon ab, ob nur vorübergehend samstags gearbeitet wird.
5. Krüger darf nur dann seinen Urlaub bis einschließlich Mittwoch nächster Woche ausdehnen, wenn der Betriebsrat dieser Regelung zustimmt.

90. Aufgabe

Sie treten zum 1. Juli eine neue Arbeitsstelle als Industriekauffrau an. Ihr Arbeitsverhältnis wird in einem schriftlichen Arbeitsvertrag geregelt.
Bei welchem Punkt handelt es sich um eine Vereinbarung nach dem kollektiven Arbeitsrecht?

1. Einstellung als Angestellte
2. Eingruppierung in eine bestimmte Gehaltsgruppe
3. Art der Tätigkeit
4. Beginn des Arbeitsverhältnisses
5. Hinweis auf Betriebsvereinbarung über die wöchentliche Arbeitszeit

91. Aufgabe

Sie wollen in Ihre Personalakte Einsicht nehmen.
Wie ist die Rechtslage?

1. Sie müssen den Betriebsrat hinzuziehen.
2. Sie haben kein Recht, Ihre Personalakte einzusehen.
3. Sie haben das Recht, in die Personalakte Einsicht zu nehmen.
4. Ihr Arbeitgeber teilt dem Betriebsrat den Inhalt der Personalakte mit, den dieser an Sie weitergibt.
5. Nur der Betriebsrat hat das Recht, in Ihre Personalakte Einsicht zu nehmen.

92. Aufgabe

Entscheiden Sie mithilfe unten stehender Informationen über die Pflichten aus dem Arbeitsvertrag.
In welchem Fall wurde gegen die Pflichten aus dem Arbeitsvertrag verstoßen?

1. Der Arbeitgeber meldet einen neuen Arbeitnehmer nach 3 Tagen zur Sozialversicherung an.
2. Der Arbeitgeber gewährt nur den Mindesturlaub nach Tarifvertrag.
3. Ein Arbeitnehmer erhält nach Ausscheiden aus dem Betrieb ohne Aufforderung ein einfaches Zeugnis über Art und Dauer der Beschäftigung.
4. Ein kaufmännischer Angestellter hat ohne Kenntnis seines Arbeitgebers eine Nebentätigkeit im gleichen Geschäftszweig.
5. Ein Arbeitgeber ersetzt gegen den Willen eines Arbeitnehmers aus gesundheitlichen Gründen den alten Computer durch einen neuen.

Pflichten aus dem Arbeitsvertrag	
Pflichten des Arbeitnehmers	*Pflichten des Arbeitgebers*
– Erfüllung der Leistungen aus dem Arbeitsvertrag	– Entgeltfortzahlung
– Wahrung von Geschäftsgeheimnissen	– Urlaubsgewährung
– Handels- und Wettbewerbsverbot	– Zeugniserteilung
	– Fürsorgepflicht

Situation zur 93. bis 97. Aufgabe

Sie sind Mitarbeiter/-in in der Personalabteilung der Büromöbel GmbH und wirken auch bei der Bearbeitung von Kündigungen mit.

Am 20. September 2008 wird Ihnen folgender Fall zur Stellungnahme wegen der Kündigungsfrist vorgelegt:

Dem Mitarbeiter B. Schneider, geb. 15. September 1980, muss aus zwingenden betrieblichen Gründen gekündigt werden. Die formgerechte Kündigung wird dem Mitarbeiter noch im September zugehen.

Der Mitarbeiter ist seit 1. April 2001 bei der Büromöbel GmbH beschäftigt. Kündigungsschutzbestimmungen kommen in diesem Fall nicht zum Tragen. Der Betriebsrat ist mit der beabsichtigten Kündigung einverstanden. Es gibt in diesem Fall auch keine einzelvertraglichen Vereinbarungen und keine tarifvertraglichen Regelungen, die den im BGB genannten Kündigungsfristen (siehe BGB-Auszug) entgegenstehen.

BGB (Auszug)

§ 622. [Kündigungsfrist bei Arbeitsverhältnissen] (1) Das Arbeitsverhältnis eines Arbeiters oder eines Angestellten (Arbeitnehmers) kann mit einer Frist von vier Wochen zum Fünfzehnten oder zum Ende eines Kalendermonats gekündigt werden.

(2) [1]Für eine Kündigung durch den Arbeitgeber beträgt die Kündigungsfrist, wenn das Arbeitsverhältnis in dem Betrieb oder Unternehmen
1. zwei Jahre bestanden hat, einen Monat zum Ende eines Kalendermonats,
2. fünf Jahre bestanden hat, zwei Monate zum Ende eines Kalendermonats,
3. acht Jahre bestanden hat, drei Monate zum Ende eines Kalendermonats,
4. zehn Jahre bestanden hat, vier Monate zum Ende eines Kalendermonats,
5. zwölf Jahre bestanden hat, fünf Monate zum Ende eines Kalendermonats,
6. fünfzehn Jahre bestanden hat, sechs Monate zum Ende eines Kalendermonats,
7. zwanzig Jahre bestanden hat, sieben Monate zum Ende eines Kalendermonats.

[1]Bei der Berechnung der Beschäftigungsdauer werden Zeiten, die vor der Vollendung des fünfundzwanzigsten Lebensjahres des Arbeitnehmers liegen, nicht berücksichtigt.

---

93. Aufgabe

Tragen Sie das Datum des nächstmöglichen Kündigungstermins (Tag, Monat) gemäß den BGB-Bestimmungen unmittelbar in die Kästchen ein.

Tag	Monat

---

94. Aufgabe

Was müssen Sie bei der Kündigung an Formvorschriften beachten?

1. Der Betriebsrat hat der Kündigung zugestimmt, deshalb sind keine Formvorschriften zu beachten.
2. Herrn Schneider wird aus zwingend betrieblichen Gründen gekündigt, deshalb kann die Kündigung mündlich erfolgen.
3. Nur wenn es im Tarifvertrag festgelegt ist, muss die Kündigung schriftlich erfolgen.
4. Herrn Schneider muss in jedem Fall schriftlich gekündigt werden.
5. Eine schriftliche Kündigung ist nur erforderlich, wenn Herr Schneider mehr als zehn Jahre in der Büromöbel GmbH beschäftigt war.

---

95. Aufgabe

Prüfen Sie, worauf Herr Schneider bei Beendigung seines Arbeitsverhältnisses keinen Anspruch hat.

1. Aushändigung der Lohnsteuerkarte
2. Bescheinigung über den im laufenden Kalenderjahr gewährten Urlaub
3. Zeugnis über Art und Dauer der Beschäftigung
4. Bescheinigung über die Zustimmung des Betriebsrates zur Kündigung
5. Aushändigung des Versicherungsnachweises

96. Aufgabe

Prüfen Sie, welche beiden Regelungen hinsichtlich der Zeugniserteilung bei Beendigung des Arbeitsverhältnisses von Herrn Schneider zutreffen.

1. Spätestens nach drei Wochen muss Herrn Schneider unaufgefordert ein Zeugnis über die Art seiner Tätigkeit, sein Verhalten und seine Leistung zugeschickt werden.
2. Es besteht grundsätzlich keine Verpflichtung für die Ausstellung eines Arbeitszeugnisses.
3. Herr Schneider hat Anspruch auf ein Zeugnis, das Angaben über Art und Dauer seiner Beschäftigung enthält.
4. Auf Wunsch von Herrn Schneider muss ihm ein Zeugnis über sein Arbeitsverhältnis, dessen Dauer und über seine Führung sowie seine Leistungen ausgestellt werden. ▶ ☐
5. Herrn Schneider muss nur ein Zeugnis über Art und Dauer seiner Beschäftigung erteilt werden. Einen Anspruch auf Bewertung seiner Führung und seiner Leistungen hat er nicht.
6. Über die Art des auszustellenden Zeugnisses (einfaches oder qualifiziertes Zeugnis) entscheidet der Arbeitgeber. ▶ ☐

97. Aufgabe

Herr Schneider ist mit der Kündigung nicht einverstanden, da er sie für sozial ungerechtfertigt hält. Welche rechtliche Möglichkeit hat Herr Schneider, sich gegen die Entscheidung zu wehren?

1. Er kann nichts unternehmen, weil der Betriebsrat mit der Kündigung einverstanden ist.
2. Er kann nur innerhalb von drei Tagen nach Zugang der Kündigung eine Klage beim Arbeitsgericht erheben.
3. Er kann nichts unternehmen, weil ihm aus zwingenden betrieblichen Gründen gekündigt wurde.
4. Er kann innerhalb von drei Wochen nach Zugang der Kündigung eine Klage beim Arbeitsgericht erheben.
5. Er könnte nur gegen die Entscheidung klagen, wenn er länger als zehn Jahre bei der Büromöbel GmbH beschäftigt wäre.
6. Er muss innerhalb von drei Tagen nach Zugang der Kündigung Einspruch beim Betriebsrat einlegen. ▶ ☐

98. Aufgabe

Ein Angestellter tritt eine neue Stelle in einem kleineren Unternehmen an. Es werden 2.500,00 EUR Anfangsgehalt vereinbart. Ein schriftlicher Arbeitsvertrag ist in diesem Unternehmen nicht üblich. Am Monatsende wird dem Angestellten mitgeteilt, dass aufgrund der gezeigten Leistungen entgegen der Vereinbarung nur ein Gehalt von 2.400,00 EUR gezahlt werden könne.
Welche Rechtslage ergibt sich?

1. Der Angestellte kann die Restsumme fordern, weil sie ihm mündlich fest zugesagt wurde.
2. Der Angestellte kann sich nicht wehren, weil überhaupt kein Arbeitsvertrag vorliegt.
3. Der Angestellte kann die Restsumme fordern, weil Arbeitsverträge in der Regel nur mündlich abgeschlossen werden.
4. Der Angestellte kann nichts unternehmen, weil Gehaltsvereinbarungen stets der Schriftform bedürfen.
5. Der Angestellte kann nichts dagegen unternehmen, weil das angebotene Gehalt dem geltenden Tarif entspricht. ▶ ☐

99. Aufgabe

Sie fragen im Personalbüro nach, welche Behauptung zum Arbeitsvertrag richtig ist.
Prüfen Sie, welche Antwort zutrifft.

1. Wenn für einen Betrieb gültige Tarifvertragsvereinbarungen vorliegen, können keine Einzelarbeitsverträge abgeschlossen werden.
2. Einzelarbeitsverträge werden für die Arbeitnehmer vom Betriebsrat mit dem Arbeitgeber abgeschlossen.
3. Einzelarbeitsverträge müssen schriftlich abgeschlossen werden.
4. Ein Einzelarbeitsvertrag ohne Urlaubsregelung ist ungültig.
5. Der Einzelarbeitsvertrag ist auch rechtswirksam, wenn das vereinbarte Arbeitsentgelt höher ist als im Tarifvertrag festgelegt. ▶ ☐

100. Aufgabe

Zu den Pflichten des kaufmännischen Angestellten gehört unter anderem die Beachtung des Wettbewerbsverbotes.
Worum handelt es sich dabei?

1. Er darf ohne Zustimmung des Arbeitgebers an keinem Wettbewerb teilnehmen.
2. Er darf grundsätzlich keinerlei eigene Geschäfte machen oder vermitteln.
3. Ohne ausdrückliche Erlaubnis des Arbeitgebers darf er in dessen Geschäftszweig keine Geschäfte für eigene Rechnung machen oder vermitteln.
4. Es sind ihm alle Handlungen und Verhaltensweisen untersagt, die geeignet sind, die zwischenmenschlichen Beziehungen im Betrieb zu beeinträchtigen.
5. Er hat alles zu unterlassen, was den Wettbewerb mit anderen Unternehmen beeinträchtigen könnte, z.B. Mitteilung von günstigen Bezugsquellen an Dritte.

---

101. Aufgabe

Die Metallbau GmbH in Frankfurt stellt einen Lagerarbeiter ein. Ein schriftlicher Arbeitsvertrag wurde nicht abgeschlossen. Der für die hessische Metallindustrie geltende Manteltarifvertrag (siehe Abbildung) schreibt vor, dass der Arbeitgeber – sofern kein schriftlicher Arbeitsvertrag geschlossen wurde – dem Arbeitnehmer die wichtigsten Vertragsbedingungen mitzuteilen hat.
Prüfen Sie, welche Arbeitsvertragsbedingung die Metallbau GmbH dem Lagerarbeiter bei der Einstellung nicht mitzuteilen braucht.

1. Beginn des Arbeitsverhältnisses
2. Kündigungsfrist
3. Lohngruppe
4. Bruttoverdienst
5. Wöchentliche Arbeitszeit
6. Art der Tätigkeit

Auszug aus dem Manteltarifvertrag für die Metallindustrie

§ 19 Einstellung

1. Bei der Einstellung hat der Arbeitgeber mit dem Arbeitnehmer
   a) den Beginn des Arbeitsverhältnisses
   b) die Beschäftigung als Arbeiter oder Angestellter
   c) die Art der Tätigkeit
   d) die Lohn- oder Gehaltsgruppe
   e) den tatsächlichen Bruttoverdienst und dessen Aufgliederung
   f) die sich aus den betrieblichen Regelungen ergebenden Entlohnungsformen und Schichtzeiten
   g) die individuelle regelmäßige wöchentliche Arbeitszeit

   zu vereinbaren bzw. – so weit sich die Regelungen aus tariflichen oder betrieblichen Vereinbarungen ergeben – ihm mitzuteilen.

   Vor Ablauf der Probezeit sind die anschließend geltenden Vertragsbedingungen schriftlich mitzuteilen.

---

102. Aufgabe

Was gehört nach dem Berufsbildungsgesetz zu jedem Berufsausbildungsvertrag?

1. Der Ausbildungsnachweis
2. Der gemeinsame Ausbildungsplan der Berufsschule und des Betriebes
3. Der Ausbildungsplan des Ausbildungsbetriebes
4. Ein Ausbildungsplan der Berufsschule
5. Die Prüfungsordnung für die Durchführung der Abschlussprüfung

---

103. Aufgabe

In welchem Fall wurden Bestimmungen, die im Rahmen der Berufsausbildung von Bedeutung sind, eingehalten?

1. Ein Auszubildender versäumt den Berufsschulunterricht, weil er erkrankt ist und teilt dies telefonisch nach acht Tagen dem Ausbildungsbetrieb mit.
2. Ein Ausbilder, der seit acht Wochen erkrankt ist, lässt sich während dieser Zeit durch einen pädagogisch und fachlich geschulten anderen Mitarbeiter des Betriebes vertreten.
3. Ein Auszubildender ist seit acht Tagen krank. Er hat am ersten Tag im Betrieb angerufen und seine Erkrankung gemeldet, sonst hat er bislang nichts unternommen.
4. Der Auszubildende bleibt während der Berufsschulferien an dem Tag, an dem er sonst Schule hätte, zu Hause.
5. Der Berufsschulunterricht beginnt zweimal wöchentlich um 07:55 Uhr und endet nach sechs Unterrichtsstunden um 13:15 Uhr. Der Ausbilder verlangt, dass der Auszubildende an beiden Nachmittagen in den Betrieb kommt.

Situation zur 104. bis 109. Aufgabe

Sie stehen kurz vor der Kaufmannsgehilfenprüfung. Eine Freundin, die eine Ausbildung in einem anderen Unternehmen begonnen hat, stellt Ihnen folgende Fragen, die Sie richtig beantworten sollen.

104. Aufgabe

Welcher Grund ist unbedingt zwingend, den Ausbildungsberuf unverzüglich zu wechseln?

1. Der Auszubildende liest in der Zeitung, dass die Chancen in seinem Ausbildungsberuf nicht besonders gut sind.
2. Der Auszubildende erfährt bei der ärztlichen Nachuntersuchung, dass er dem Ausbildungsberuf auf die Dauer gesundheitlich nicht gewachsen ist.
3. Der Auszubildende erfährt erst jetzt, dass es in seinem Beruf noch keine Fünf-Tage-Woche gibt.
4. Durch Produktionsrückgang werden im Ausbildungsbetrieb Mitarbeiter entlassen.
5. Die Ausbildungsbeihilfe ist geringer als in anderen Ausbildungsberufen.

---

105. Aufgabe

Ein neuer Auszubildender will von Ihnen wissen, welche Kündigungsmöglichkeiten für das Berufsausbildungsverhältnis nach dem Berufsbildungsgesetz (BBiG) bestehen.

Prüfen Sie, welche Feststellung über die Kündigung nicht zutrifft.

1. Während der Probezeit kann der Berufsausbildungsvertrag von beiden Seiten ohne Einhaltung einer Kündigungsfrist gekündigt werden.
2. Nach der Probezeit kann der Berufsausbildungsvertrag von beiden Seiten aus einem wichtigen Grund ohne Einhaltung einer Kündigungsfrist gekündigt werden.
3. Nach der Probezeit kann der Berufsausbildungsvertrag nur in beiderseitigem Einvernehmen aufgelöst werden.
4. Nach der Probezeit kann der Berufsausbildungsvertrag vom Auszubildenden mit einer Frist von vier Wochen gekündigt werden, wenn er die Berufsausbildung aufgeben will.
5. Nach der Probezeit kann der Berufsausbildungsvertrag vom Auszubildenden mit einer Frist von vier Wochen gekündigt werden, wenn er sich für einen anderen Beruf ausbilden lassen will.

---

106. Aufgabe

Ihre Freundin ist der Meinung, die Abschlussprüfung später einmal vorzeitig, also ein halbes Jahr vor Beendigung der vertraglich vereinbarten Ausbildungszeit, ablegen zu können.
Wer entscheidet darüber, ob die Meldung (nicht: Zulassung) erfolgen kann bzw. soll?

1. Die Industrie- und Handelskammer
2. Die Handwerkskammer
3. Der Klassenlehrer der Berufsschule
4. Ihre Freundin
5. Der Ausbildende

107. Aufgabe

Welche Regelung enthält das Berufsbildungsgesetz?

1. Die einheitliche Regelung für die Ausbildung des Kaufmanns
2. Die einheitliche Regelung für die Ausbildung in der Berufsschule
3. Die einheitliche Regelung des Gewerbe- und Arbeitsrechts bezüglich der Ausbildung
4. Die einheitliche Regelung der beruflichen Ausbildung im Betrieb
5. Die einheitliche Regelung der beruflichen Ausbildung im Betrieb und in der Berufsschule

108. Aufgabe

Wo kann Ihre Freundin nachprüfen, ob die in ihrem Berufsausbildungsvertrag vereinbarte Vergütung dem geltenden Mindestsatz entspricht?

1. Im Berufsbildungsgesetz
2. Im Jugendarbeitsschutzgesetz
3. In der Lohnsteuertabelle
4. Im Lohn- und Gehaltstarifvertrag
5. Im Manteltarif

109. Aufgabe

Wann und in welcher Form muss Ihre Freundin kündigen, wenn sie nach Beendigung ihrer Ausbildungszeit in einem anderen Betrieb arbeiten will?

1. Unverzüglich nach erfolgreichem Bestehen des mündlichen Teils der Abschlussprüfung.
2. Spätestens drei Monate vor Ablauf des Berufsausbildungsvertrages (schriftlich).
3. Spätestens drei Monate vor Ablauf des Berufsausbildungsvertrages (mündlich).
4. Sechs Wochen vor Quartalsende (schriftlich).
5. Gar nicht. Eine Kündigung entfällt am Ende der Ausbildungszeit.

110. Aufgabe

Die Tarifautonomie leitet sich aus der Vereins- und Koalitionsfreiheit nach Artikel 9 des Grundgesetzes ab.

Prüfen Sie, welche Feststellung hinsichtlich der Tarifautonomie zutrifft.

1. Jeder Arbeitgeber kann für seinen Betrieb Löhne und Gehälter autonom festsetzen.
2. Jeder Arbeitnehmer kann mit seinem Arbeitgeber einen Einzelarbeitsvertrag vereinbaren.
3. Unter Tarifautonomie versteht man die staatliche Ermächtigung für die Sozialpartner, die Mitbestimmung in allen Unternehmen eigenständig zu regeln.
4. Ohne staatliche Mitwirkung können die Sozialpartner für alle Wirtschaftszweige und Beschäftigungsarten verbindliche Vereinbarungen über Löhne und Arbeitsbedingungen treffen.
5. Arbeitgeber und Arbeitnehmer können sich zu eigenen Verbänden zusammenschließen, deren wesentliche Aufgabe es ist, die jeweiligen Interessen wahrzunehmen.

111. Aufgabe

Wer sind die Tarifpartner?

1. Wirtschaftsminister und Finanzminister
2. Staat und Wirtschaft
3. Arbeitgeberverbände und Wirtschaftsminister
4. Gewerkschaften und Betriebsräte
5. Arbeitgeberverbände und Gewerkschaften

112. Aufgabe

Wer legt in der Bundesrepublik Deutschland die Lohn- und Gehaltstarife fest?

1. Die einzelnen Arbeitnehmer und Arbeitgeber
2. Die Arbeitgeberverbände
3. Die Gewerkschaften
4. Die Arbeitgeberverbände und die Gewerkschaften
5. Der Staat

113. Aufgabe

Prüfen Sie, welche Erklärung für die Tarifautonomie richtig ist.

1. Das Recht eines Betriebes, mit dem Betriebsrat Tarifvereinbarungen zu treffen
2. Die selbstständige Festlegung von Löhnen und Gehältern durch die Arbeitgeber
3. Die automatische Anpassung der Löhne und Gehälter an die Preisentwicklung
4. Das Recht des Staates, Löhne und Gehälter festzusetzen
5. Die Unabhängigkeit der Tarifpartner bei Tarifverhandlungen

114. Aufgabe

In einer Talkshow, bei der Fragen des Tarifrechts diskutiert werden, macht ein Gesprächsteilnehmer eine falsche Aussage.
Prüfen Sie, welche Behauptung nicht zutrifft.

1. Die Manteltarifverträge regeln allgemeine Arbeitsbedingungen.
2. Die Lohn- und Gehaltstarife setzen Ecklöhne und -gehälter fest.
3. Tarifautonomie bedeutet, dass die Löhne von den Arbeitgeberverbänden und Gewerkschaften mit staatlichem Einspruchsrecht ausgehandelt werden.
4. Unter Sozialpartnern versteht man die Vertreter der Arbeitgeberverbände und die Vertreter der Arbeitnehmer.
5. In einem individuellen Arbeitsvertrag können vom allgemein verbindlichen Tarifvertrag abweichende Vereinbarungen zu Gunsten des Arbeitnehmers getroffen werden.

115. Aufgabe

Prüfen Sie, welche Behauptung über Tarifverträge zutrifft.

1. Tarifverträge kommen durch freie Vereinbarung der Tarifpartner ohne staatliche Mitwirkung zustande.
2. Tarifverträge bedürfen grundsätzlich der Zustimmung des Staates.
3. Es dürfen keine Gehälter über Tarif gezahlt werden.
4. Kommt es nach Auslaufen eines Tarifvertrages zu keiner neuen Vereinbarung, muss eine staatliche Zwangsschlichtung herbeigeführt werden.
5. Tarifverträge gelten in der Regel nur für gewerkschaftlich organisierte Arbeitnehmer.

Information zur 116. Aufgabe

Bei kollektiven arbeitsrechtlichen Regelungen zwischen Arbeitgebern und Arbeitnehmern unterscheidet man hinsichtlich Inhalt, Dauer und Vertragschließenden zwischen

– Manteltarifverträgen mit grundsätzlich längerfristig geltenden Vereinbarungen
– Lohn- und Gehaltstarifverträgen mit meist kürzeren Laufzeiten
– Betriebsvereinbarungen zwischen Arbeitgeber und Betriebsrat zur Regelung betriebsspezifischer Sachverhalte.

116. Aufgabe

Prüfen Sie, in welche Zeile die allgemein üblichen inhaltlichen Regelungen beim Manteltarifvertrag, beim Lohn- und Gehaltstarifvertrag und bei der Betriebsvereinbarung richtig zugeordnet sind und tragen Sie diese Kennziffer in das Kästchen ein.

	Manteltarifvertrag	Lohn- und Gehaltstarifvertrag	Betriebsvereinbarung
1.	Dauer des Urlaubs	Zuschlagsätze für Mehr-, Schicht- und Nachtarbeit	Allgemeine Grundsätze zur Gestaltung des Arbeitsplatzes und der Arbeitsumgebung
2.	Mindesturlaub für Jugendliche	Lohn- und Gehaltsstufen	Verteilung der Arbeitszeit (Arbeitszeitmodelle)
3.	Kündigungsfristen	Ecklöhne und Eckgehälter	Mindestlohn
4.	Lohnfortzahlung im Krankheitsfall	Akkordrichtsätze	Beginn und Ende der täglichen Arbeitszeit
5.	Tarifliche Wochenarbeitszeit	allgemeine Bestimmungen zur Arbeitszeit	Pausenregelungen

117. Aufgabe

Einer Arbeitnehmerin wird ein sozialversicherungspflichtiges Gehalt von 2.100 EUR gezahlt.
Wie viel Euro werden ihr als Rentenversicherungsbeitrag abgezogen,
wenn der Beitragssatz zur Rentenversicherung 19,1 % beträgt?

118. Aufgabe

Die Entwicklung von Effektiv- und Tariflöhnen steht oft im Mittelpunkt von Auseinandersetzungen, wenn es um wirtschaftliches Wachstum, Sicherung von Arbeitsplätzen und ähnliche tarif- und wirtschaftspolitische Fragen geht.

Prüfen Sie, welche Feststellung zur unten stehenden Grafik über die Entwicklung von Effektiv- und Tariflöhnen richtig ist.

1. Die Zunahme der Effektivlöhne lag bei den Arbeitern und Angestellten immer über der Zunahme bei den Tariflöhnen.
2. Bei den Angestellten haben die Effektivlöhne im 4. Jahr im Vergleich zum 1. Jahr abgenommen.
3. Zwischen der Entwicklung der Effektivlöhne und Tariflöhne besteht bei den Angestellten kein erkennbarer Zusammenhang.
4. Bei den Arbeitern haben die Tariflöhne vom 1. bis zum 4. Jahr immer zugenommen.
5. Die Angestellten verdienten in der Mitte des 3. Jahres mehr als Anfang des 4. Jahres.
6. Bei der Entwicklung der Effektiv- und Tariflöhne im 2. Jahr bestand bei den Arbeitern ein engerer Zuammenhang als bei den Angestellten.

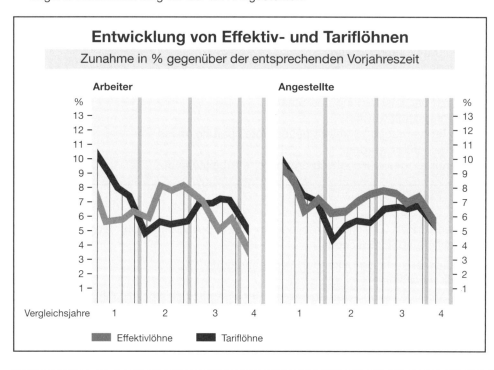

In unten stehendem Zeitungsartikel wird darüber berichtet, dass die Finanzkrise das Wirtschaftswachstum bedroht.

119. Aufgabe

Prüfen Sie, welche Feststellung dem Pressebericht (Ausschnitt) zufolge zutrifft.

1. Die Einschränkung der Kreditvergabe der Banken wird gravierende Auswirkungen auf das Wirtschaftswachstum in den USA, wesentlich weniger auf das im Euro-Raum haben.
2. Das Kreditangebot an private Haushalte und Unternehmen soll bis 2010 um 15 % in den USA und 12 % im Euro-Raum steigen.
3. Durch die Einschränkung des Kreditangebots wird das Wirtschaftswachstum in den nächsten drei Jahren im Euro-Raum rund 1,5 % niedriger ausfallen.
4. Die Kreditvergabe wird eingeschränkt, da das Eigenkapital der Banken im Verhältnis zu den Ausleihungen zu hoch ist.
5. Als „Leverage" wird das Ergebnis von Ausleihungen der Banken multipliziert mit ihrem Eigenkapital bezeichnet.

Finanzkrise bedroht das Wirtschaftswachstum

Studien zufolge werden die Banken ihre Kreditvergabe kräftig einschränken

FRANKFURT. Über eine Einschränkung der Kreditvergabe der Banken wird die Finanzkrise voraussichtlich gravierende Auswirkungen auf das Wirtschaftswachstum in den USA und im Euro-Raum haben. Diese pessimistische Prognose wagt die Deutsche Bank in einer neuen Studie mit dem Titel „Unwinding Leverage".

Den Berechnungen zufolge soll das Kreditangebot an private Haushalte und Unternehmen bis 2010 in den USA um grob 15 Prozent und im Euro-Raum um 12 Prozent eingeschränkt werden. Allein dadurch würde das US-Wirtschaftswachstum in den nächsten drei Jahren um jeweils rund 1,5 Prozent niedriger ausfallen; die Einbußen im Euro-Raum dürften kaum dahinter zurückbleiben.

Die Ursache für die Einschränkung der Kreditvergabe ist, dass die Banken – vereinfacht ausgedrückt – ein bestimmtes Verhältnis ihrer Ausleihungen zum Eigenkapital anstreben. Der Quotient aus beiden wird als „Leverage" bezeichnet. Wenn sich das Eigenkapital infolge von Verlusten aus der Krise reduziert, kann die Leverage nur aufrecht erhalten werden, indem entweder das Eigenkapital aufgestockt oder die Ausleihungen zurückgenommen werden.

mak

Quelle: Handelsblatt vom 30. Juli 2008, mak

Situation zur 120. bis 123. Aufgabe

Als Teilnehmer/-in an einem arbeitsrechtlichem Seminar müssen Sie sich u. a. mit Fragen zu Arbeitskampfmaßnahmen befassen. Dabei spielen Urteile des Bundesarbeitsgerichtes (BAG) wegen weitgehend fehlender gesetzlicher Regelungen eine große Rolle. Das BAG hat in Arbeitskampffragen einen großen Entscheidungsspielraum.

120. Aufgabe

Prüfen Sie unter Berücksichtigung der unten stehenden Zitate und Erläuterungen aus Grundsatzurteilen des Bundesarbeitsgerichtes (BAG), welche Behauptung zum Streik bzw. zur Aussperrung zutrifft.

1. Über Streikmaßnahmen können die Gewerkschaften ohne Rücksicht auf evtl. Verhandlungsmöglichkeiten mit den Arbeitgebern völlig frei und ohne Rechtsfolgen entscheiden.
2. Der Grundsatz der Verhältnismäßigkeit gilt bei Arbeitskampfmaßnahmen nur für die Aussperrung von Arbeitnehmern.
3. In einem Tarifgebiet dürfen von den Unternehmern höchstens genauso viele Arbeitnehmer ausgesperrt werden wie sich an dem Streik beteiligen (maximal 25 %).
4. Bei der Aussperrung wird den Arbeitnehmern die Weiterbeschäftigung verweigert und das Betreten des Betriebes verboten.
5. Bei der Aussperrung wird das Arbeitsverhältnis vom Arbeitgeber aufgelöst. Nach Beendigung des Arbeitskampfes wird der Arbeitnehmer in der Regel wieder eingestellt.

Aus Grundsatzurteilen des Bundesarbeitsgerichtes (BAG) zum Streik und zur Aussperrung (Zitate und Erläuterungen)

– „Arbeitskämpfe (Streik und Aussperrung) sind im Allgemeinen unerwünscht, da sie volkswirtschaftliche Schäden mit sich bringen und den im Interesse der Gesamtheit liegenden sozialen Frieden beeinträchtigen; aber sie sind in bestimmten Grenzen erlaubt, sie sind in der freiheitlichen sozialen Grundordnung der Deutschen Bundesrepublik zugelassen."

– „Dem Streik der Gewerkschaften entspricht die Aussperrung, gleichgültig, ob sie von einem Arbeitgeberverband beschlossen oder von einzelnen Arbeitgebern durchgeführt wird."

– „Arbeitskämpfe dürfen nur insoweit eingeleitet und durchgeführt werden, als sie zur Erreichung rechtmäßiger Kampfziele geeignet und sachlich erforderlich sind. Jede Arbeitskampfmaßnahme – sei es Streik, sei es Aussperrung – darf ferner nur nach Ausschöpfung aller Verhandlungsmöglichkeiten ergriffen werden: der Arbeitskampf muss also das letzte mögliche Mittel (ultima ratio) sein ... Auch bei der Durchführung des Arbeitskampfes selbst ... ist der Grundsatz der Verhältnismäßigkeit zu beachten."

– In Anwendung des Grundsatzes der Verhältnismäßigkeit ist eine Aussperrung grundsätzlich von maximal 25 % der Arbeitnehmerinnen und Arbeitnehmer des Tarifgebiets zulässig. Dies gilt aber nur, wenn von der Gewerkschaft weniger als 25 % der Arbeitnehmerinnen und Arbeitnehmer des Tarifgebietes in den Streik geführt werden.

– Werden hingegen mehr als 25 % der Arbeitnehmerinnen und Arbeitnehmer eines Tarifgebiets zum Streik aufgerufen, so dürfen die Unternehmer den Kampfrahmen durch Aussperrung nur noch bis hin zur 50-%-Grenze erweitern.

– Die lösende Aussperrung, bei der mit der Aussperrung zugleich die Beendigung des Arbeitsverhältnisses herbeigeführt werden soll, ist unzulässig. Bereits 1971 hatte das BAG entschieden, dass während der Aussperrung – genau wie beim Streik – das Arbeitsverhältnis lediglich suspendiert wird, d. h., die gegenseitigen Hauptpflichten ruhen bis zur Beendigung des Arbeitskampfes.

Quelle: Schriftenreihe der IG Metall Nr. 142, „Streik, Aussperrung, Kalte Aussperrung"

121. Aufgabe

Prüfen Sie unter Berücksichtigung der unten stehenden Zitate aus Grundsatzurteilen des Bundesarbeitsgerichtes (BAG), welche Behauptung zum Streik bzw. zum Warnstreik zutrifft.

1. Ein nach dem Scheitern von Tarifverhandlungen und einer Urabstimmung satzungsgemäß ausgerufener Streik unterliegt inhaltlich und zeitlich keinerlei Beschränkungen durch die Rechtsordnung.
2. Die Gewerkschaft darf Auszubildende nur zur Teilnahme an einem Streik, keinesfalls jedoch zur Teilnahme an einem Warnstreik auffordern.
3. Kurze Warnstreiks zur Unterstützung von Tarifvertragsverhandlungen nach Ablauf der Friedenspflicht sind zulässig, wenn sie von der Gewerkschaft organisiert werden.
4. Während eines kurzen Warnstreiks dürfen arbeitswillige Arbeitnehmer durch Streikposten am Betreten des Betriebes gehindert werden.
5. Für unerlaubte Handlungen in Verbindung mit dem Warnstreik haftet nur der betreffende Streikposten.

Zitate aus Grundsatzurteilen des Bundesarbeitsgerichtes (BAG) zum Warnstreik

„Das Grundgesetz räumt den Gewerkschaften keinen inhaltlich unbegrenzten und unbegrenzbaren Handlungsspielraum ein."

„Der Große Senat des Bundesarbeitsgerichts hat das Streikrecht der Gewerkschaften zeitlich beschränkt: Arbeitskämpfe dürfen danach nur eingeleitet und durchgeführt werden, wenn alle Verständigungsmöglichkeiten erschöpft sind (ultima-ratio-Prinzip)."

„Das Ultima-ratio-Prinzip verbietet nicht kurze und zeitlich befristete Streiks, zu denen die Gewerkschaft während laufender Tarifverhandlungen aufruft."

„Die Gewerkschaft darf Auszubildende zur Teilnahme an solchen kurzen zeitlich befristeten Warnstreiks jedenfalls dann auffordern, wenn über die Ausbildungsvergütung verhandelt wird."

„Vom Streikrecht nicht gedeckt ist die Verhinderung des Zu- und Abgangs von Waren und Kunden sowie die Hinderung arbeitswilliger Arbeitnehmer am Betreten des Betriebes, so weit dies über das bloße Zureden, sich am Streik zu beteiligen, hinausgeht."

„Handlungen anlässlich eines Streiks, die vom Streikrecht nicht gedeckt sind, machen den Streik als solchen nicht rechtswidrig. Sie verpflichten jedoch zum Ersatz des Schadens, der gerade durch diese Handlungen entstanden ist."

„Für unerlaubte Handlungen der Streikleiter haftet die Gewerkschaft nach § 31 BGB, für solche der Streikposten nach § 831 BGB."

Quelle: Schriftenreihe der IG Metall Nr. 121 „Der Warnstreik"

122. Aufgabe

Prüfen Sie, welche Feststellung über Streiks sich <u>nicht</u> aus dem unten stehenden Presseartikel ableiten lässt.

1. Nach Aussage des Arbeitsministeriums verliert die deutsche Wirtschaft im europäischen Vergleich durch Streiks wesentlich weniger Arbeitsstunden als andere Länder der Europäischen Union.
2. Die Arbeitskämpfe in Deutschland hatten in den vergangenen zehn Jahren keine große wirtschaftliche Bedeutung, wie das Arbeitsministerium auf Anfrage mitteilte.
3. Nach Berechnungen des Instituts der deutschen Wirtschaft sind 2007 mehr als 580 000 Arbeitsstunden aufgrund von Streiks ausgefallen.
4. Der Fachmann für Arbeitskämpfe im Institut der deutschen Wirtschaft, Hagen Lesch, hält den vom Arbeitsministerium geführten Vergleich mit europäischen Nachbarländern für kaum aussagekräftig.
5. Die Zahl der Streiks in Frankreich, so das Institut der deutschen Wirtschaft, liegt unter denen in Deutschland, wenn man die politisch motivierten Streiks, die nicht Folge von Tarifkonflikten sind, herausrechnet.

Immer mehr Arbeitstage gehen durch Streiks verloren

Die deutsche Wirtschaft verliert im europäischen Vergleich nur sehr wenige Arbeitsstunden durch Streiks. „Auch im Jahr 2006, in dem im Vergleich zu den Vorjahren mehr Arbeitstage verlorengingen, lag Deutschland deutlich unter dem Durchschnitt der Europäischen Union", heißt es in der Antwort des Arbeitsministeriums auf eine Anfrage der FDP. Die Arbeitskämpfe in Deutschland hätten in den vergangenen zehn Jahren eine nur sehr geringe gesamtwirtschaftliche Bedeutung gehabt. Das Arbeitsministerium musste jedoch eingestehen, dass es die Höhe der durch Streiks verursachten volkswirtschaftlichen Schäden nicht beziffern könne, da „die hierfür notwendigen Angaben nicht verfügbar" seien. Allerdings fällt in den Statistiken auf, dass in den beiden vergangenen Jahren überdurchschnittlich viele Arbeitstage den Arbeitskämpfen zum Opfer fielen. Allein 2007 sind nach Berechnungen des arbeitgebernahen Instituts der deutschen Wirtschaft (IW) mehr als 580 000 Arbeitstage aufgrund von Streiks ausgefallen. Ausschlaggebend seien vor allem die Arbeitsniederlegungen bei der Telekom und der Deutschen Bahn gewesen, sagte der IW-Fachmann für Arbeitskämpfe, Hagen Lesch. Auch der in der Antwort des Arbeitsministeriums geführte Vergleich mit den europäischen Nachbarländern sei kaum aussagekräftig. Denn in Ländern wie Frankreich oder Spanien gebe es viele politisch motivierte Streiks, die nicht Folge eines Tarifkonflikts seien. Rechne man diese heraus, sinke die Zahl der Streiks in Frankreich unter jene in Deutschland. mmue.

Quelle: Frankfurter Allgemeine Zeitung vom 29. Juli 2008, mmue

---

123. Aufgabe

Über die Rechtmäßigkeit von Aussperrungen werden unterschiedliche Positionen vertreten. Prüfen Sie, welche Behauptung zutreffend ist.

1. Die Aussperrung ist nach den Bestimmungen des Grundgesetzes ausdrücklich verboten.
2. Die Aussperrung ist nach den Bestimmungen des Grundgesetzes ausdrücklich erlaubt.
3. Die Aussperrung ist durch die Rechtsprechung des Bundesarbeitsgerichts als Arbeitskampfmittel anerkannt, wenn sie der Abwehr von Streikmaßnahmen („Abwehraussperrung") dient und im Umfang angemessen ist.
4. Die Aussperrung ist ohne Einschränkungen als Abwehr- und Angriffsaussperrung erlaubt, um gleiche Bedingungen zwischen den Tarifpartnern herzustellen („Waffengleichheit").
5. Die Aussperrung ist durch die Rechtsprechung des Bundesarbeitsgerichts zur Abwehr von Streikmaßnahmen in jedem Umfang erlaubt.

124. Aufgabe

Prüfen Sie, welche Erklärung über die Friedenspflicht zutreffend ist.

1. Verpflichtung der Sozialpartner, bei einem Streik keine Polizei hinzuzuziehen
2. Verpflichtung der Arbeitnehmer, bei einem Streik arbeitswillige Arbeitnehmer beim Betreten des Betriebes nicht zu behindern
3. Verpflichtung der Arbeitgeber, nach einem Streik alle Arbeitnehmer wieder zu beschäftigen
4. Verpflichtung der Sozialpartner, während der Laufzeit des Tarifvertrages keine Kampfmaßnahmen zu ergreifen
5. Verpflichtung der Arbeitgeber, bei einem Streik arbeitswillige Arbeitnehmer nicht auszusperren

▶ ☐

---

125. Aufgabe

Bringen Sie die folgenden Schritte einer Tarifbewegung mit Schlichtungsverfahren in die richtige Reihenfolge, indem Sie die Ziffern 1–6 in die Kästchen eintragen.

Die Gewerkschaft stellt eine Lohnforderung auf; Gewerkschaft und Arbeitgeberverband verhandeln. ☐

Im Einvernehmen beider Tarifparteien kann ein Schlichtungsverfahren eingeleitet werden. Ein neutraler Schlichter versucht zu vermitteln. ☐

Die Gewerkschaft ruft zum Streik auf. ☐

Der Schlichtungsversuch misslingt. Die Tarifverhandlungen sind endgültig gescheitert. ☐

Urabstimmung in den Betrieben, die bestreikt werden sollen. Bei mehr als 75% Ja-Stimmen kann gestreikt werden. ☐

Es kommt zu keinem einvernehmlichen Ergebnis. Die Arbeitgeberseite erklärt das Scheitern der Verhandlungen. ☐

---

126. Aufgabe

Prüfen Sie, für welchen Fall das Arbeitsgericht zuständig ist.

1. Ihr Vater scheidet wegen Erreichung der Altersgrenze aus seinem Betrieb aus. Er ist mit der Rentenberechnung nicht einverstanden und will klagen.
2. Sie gründen nach Ihrer Ausbildung mit Freunden eine Fahrradreparaturwerkstatt und teilen die Unternehmensgründung dem zuständigen Gericht mit.
3. Ein Arbeitskollege verursacht auf dem Weg zur Arbeitsstelle außerhalb des Betriebsgeländes schuldhaft einen Sachschaden am Pkw eines anderen Arbeitskollegen. Dieser will auf Schadenersatz klagen.
4. Der Betriebsrat verweigert die Zustimmung zur Besetzung eines neuen Arbeitsplatzes durch Sie, obwohl die Geschäftsleitung Ihre interne Bewerbung befürwortet. Der Arbeitgeber will die geplante Maßnahme gerichtlich durchsetzen.
5. Ihnen wird ein großer Teil Ihrer in der Einkommensteuererklärung geltend gemachten Werbungskosten vom Finanzamt nicht anerkannt. Sie wollen dagegen klagen.

▶ ☐

127. Aufgabe

Ordnen Sie zu, indem Sie die Kennziffern von **2** der insgesamt 5 Rechtsfälle in die Kästchen bei den zuständigen Gerichten eintragen.

Rechtsfälle

1. Ein arbeitsloser Arbeitnehmer erhält kein Arbeitslosengeld. Er ist der Meinung, dass er Anspruch auf Arbeitslosengeld habe und will deswegen klagen.
2. Einem Arbeitnehmer wird ein erheblicher Teil der geltend gemachten Werbungskosten nicht anerkannt. Sein Einspruch wird von der zuständigen Behörde abgelehnt. Er will deswegen klagen.
3. Einem Arbeitnehmer wird die Baugenehmigung für eine Garage abgelehnt. Er braucht das Fahrzeug für Fahrten zur Arbeitsstelle.
4. Einem Arbeitnehmer wird gekündigt. Er ist der Meinung, dass die Kündigung sozial ungerechtfertigt sei und will deswegen klagen.
5. Die Verhandlungen zwischen den Tarifparteien über Lohn- und Gehaltserhöhungen scheitern.

Zuständige Gerichte

Sozialgericht ☐

Arbeitsgericht ☐

128. Aufgabe

Bei welchen Rechtsstreitigkeiten ist das Arbeitsgericht <u>nicht</u> zuständig?

1. Bürgerliche Rechtsstreitigkeiten zwischen den Tarifvertragsparteien
2. Bürgerliche Rechtsstreitigkeiten zwischen Arbeitnehmern und Arbeitgebern aus dem Arbeitsverhältnis
3. Alle Rechtsstreitigkeiten zwischen Arbeitnehmern, die beim gleichen Arbeitgeber beschäftigt sind
4. Rechtsstreitigkeiten aufgrund des Betriebsverfassungsgesetzes zwischen Arbeitgebern und den Betriebsräten
5. Bürgerliche Rechtsstreitigkeiten zwischen Arbeitnehmern im Zusammenhang mit dem Arbeitsverhältnis

129. Aufgabe

Sie sollen mithilfe unten stehender gesetzlicher Bestimmungen einem Arbeitskollegen erklären, was er tun muss, wenn er Einspruch gegen eine sozial ungerechtfertigte Kündigung einlegen will.

1. Er muss innerhalb von 14 Tagen dem Arbeitgeber einen eingeschriebenen Brief mit dem Widerspruch zuleiten.
2. Er muss innerhalb von drei Tagen den Betriebsrat informieren.
3. Er muss den Betriebsrat bitten, dem Arbeitgeber innerhalb von 8 Tagen den Einspruch gegen die Kündigung vorzulegen.
4. Er muss sofort das Arbeitsgericht einschalten.
5. Er muss innerhalb einer Woche nach der Kündigung Einspruch beim Betriebsrat einlegen.

> **Kündigungsschutzgesetz (KSchG)**
>
> **Erster Abschnitt. Allgemeiner Kündigungsschutz**
>
> **§ 1. Sozial ungerechtfertigte Kündigungen.** (1) Die Kündigung des Arbeitsverhältnisses gegenüber einem Arbeitnehmer, dessen Arbeitsverhältnis in demselben Betrieb oder Unternehmen ohne Unterbrechung länger als sechs Monate bestanden hat, ist rechtsunwirksam, wenn sie sozial ungerechtfertigt ist.
>
> …
>
> **§ 3. Kündigungseinspruch.** Hält der Arbeitnehmer eine Kündigung für sozial ungerechtfertigt, so kann er binnen einer Woche nach der Kündigung Einspruch beim Betriebsrat einlegen. Erachtet der Betriebsrat den Einspruch für begründet, so hat er zu versuchen, eine Verständigung mit dem Arbeitgeber herbeizuführen. Er hat seine Stellungnahme zu dem Einspruch dem Arbeitnehmer und dem Arbeitgeber auf Verlangen schriftlich mitzuteilen.
>
> …

130. Aufgabe

Prüfen Sie, welche Kündigung geltenden ausbildungs- und arbeitsrechtlichen Bestimmungen widerspricht.

1. Während der Probezeit kündigt der Auszubildende ohne Angabe von Gründen schriftlich das Ausbildungsverhältnis.
2. Nach Ablauf der Probezeit kündigt der Auszubildende mit einer Frist von vier Wochen schriftlich und gibt an, dass er einen anderen Ausbildungsberuf wählen will, den er eigentlich immer schon wünschte.
3. Einem Angestellten, der seit einem Jahr im Unternehmen beschäftigt ist, wird aus betrieblichen Gründen am 18. April mit Wirkung zum 30. April gekündigt.
4. Einem Angestellten, der seit einem Jahr im Unternehmen beschäftigt ist, wird aus betrieblichen Gründen am 15. Mai zum 15. Juni schriftlich gekündigt.
5. Einem Arbeiter, der seit zwei Jahren im Unternehmen beschäftigt ist, wird aus betrieblichen Gründen am 31. Mai zum 30. Juni schriftlich gekündigt.

---

131. Aufgabe

Wegen des starken Auftragsrückganges sollen 20 Mitarbeiter einer Firma entlassen werden. Dafür kommen aus Gründen des Kündigungsschutzes verschiedene Gruppen von Beschäftigten nicht in Frage. Welche Beschäftigten können für sich einen besonderen Kündigungsschutz in Anspruch nehmen?

1. Handlungsbevollmächtigte
2. Auszubildende
3. Alle weibliche Mitarbeiterinnen
4. Alle Mitarbeiter über 45 Jahre
5. Ausbilder

---

132. Aufgabe

Entscheiden Sie, in welchem Fall die Kündigung zu Unrecht ausgesprochen wurde und deshalb wieder rückgängig gemacht werden muss.

1. Herr Grimm ist Mitglied des Betriebsrates. Er wird wegen wiederholtem verbotenem Rauchen im besonders feuergefährlichen Rohstofflager fristlos entlassen.
2. Der Mitarbeiter Bernd Busse wurde fristlos entlassen, weil er es versäumt hatte, einen bedeutenden Kundenauftrag rechtzeitig zu bestätigen, der dadurch verloren ging.
3. Dem erst kürzlich eingestellten Mitarbeiter in der Korrespondenzabteilung musste notgedrungen ein Arbeitsplatz im sogenannten „Schreibsaal" zugewiesen werden, in dem normalerweise nur Disketten abgeschrieben werden. Er weigert sich, in diesem Raum zu arbeiten. Daraufhin wird er fristlos entlassen.
4. Eine Betriebsumstellung führt dazu, dass sechs Mitarbeiter entlassen werden müssen. Darunter befinden sich auch zwei seit drei Jahren beschäftigte Lagerarbeiter, die gegen die Kündigung Einspruch erheben.
5. Ein Lagerarbeiter wurde fristlos entlassen, weil er 14 Tage lang nicht zur Arbeit erschien, ohne den Grund seines Fernbleibens mitzuteilen. Nach Erhalt seiner schriftlichen Kündigung legt er ein ärztliches Attest vor, aus dem hervorgeht, dass er acht Tage an Grippe erkrankt war. Der Lagerarbeiter verlangt, dass die Kündigung rückgängig gemacht wird.

Situation zur 133. Aufgabe

Von den Beschäftigten der Metallbau GmbH sind u. a.

8 Abteilungsleiter/-innen	2 Pförtner
4 Außendienstmitarbeiter	4 Schwangere Arbeitnehmerinnen
7 Betriebsratsmitglieder	8 Schwerbehinderte
2 Jugend- und Auszubildendenvertreter	1 Sicherheitsbeauftragter
8 Meister/-innen	

Alle Beschäftigten sind weniger als fünf Jahre im Unternehmen tätig.

133. Aufgabe

Prüfen Sie, wie viele dieser Mitarbeiter/innen einen besonderen Kündigungsschutz genießen.

Tragen Sie die Zahl in die Kästchen ein.

Mitarb.

134. Aufgabe

Prüfen Sie, welche Aussage den Bestimmungen des Jugendarbeitsschutzgesetzes widerspricht.

1. Der Text des Jugendarbeitsschutzgesetzes muss in jedem Betrieb, der Jugendliche beschäftigt, aushängen oder ausliegen.
2. Die Vorschriften des Jugendarbeitsschutzgesetzes können durch private Abmachungen zwischen Ausbildendem und Auszubildenden abgeändert werden.
3. Das Jugendarbeitsschutzgesetz gilt auch für Jungarbeiter und Jungangestellte, d. h. für Jugendliche ohne Berufsausbildungsvertrag.
4. Jugendliche dürfen nicht mit Akkodarbeiten beschäftigt werden.
5. Jugendlichen müssen im Voraus feststehende Ruhepausen von angemessener Dauer gewährt werden. Die Ruhepausen müssen bei einer Arbeitszeit von mehr als sechs Stunden mindestens 60 Minuten betragen.

▶ ☐

135. Aufgabe

Stellen Sie fest, welche Bestimmung aus dem Jugendarbeitsschutzgesetz nur für Jugendliche über 16 Jahre gilt.

1. In Betrieben mit Fünf-Tage-Woche ist die Beschäftigung an einem arbeitsfreien Samstag untersagt.
2. An Samstagen dürfen Jugendliche nur in bestimmten Ausnahmefällen beschäftigt werden.
3. In Gaststätten dürfen Jugendliche bis 22:00 Uhr beschäftigt werden.
4. Nach Beendigung der täglichen Arbeitszeit ist eine ununterbrochene Freizeit von mindestens zwölf Stunden zu gewähren.
5. Jugendliche dürfen wöchentlich nicht mehr als 40 Stunden beschäftigt werden.

▶ ☐

136. Aufgabe

Ordnen Sie zu, indem Sie die Kennziffern von **2** der insgesamt 5 Fälle in die Kästchen bei den entsprechenden Gesetzen eintragen.

Fälle

1. Die Probezeit muss mindestens einen Monat und darf höchstens vier Monate betragen.
2. Jeder Auszubildende muss Mitglied einer Krankenkasse sein.
3. In Betrieben mit mindestens fünf jugendlichen Arbeitnehmern unter 18 Jahren wird eine Jugendvertretung gewählt.
4. Für Auszubildende unter 18 Jahren ist bei einer Einstellung eine ärztliche Erstuntersuchung vorgeschrieben.
5. Regelung betrieblicher Fortbildungsmaßnahmen.

Gesetze

Berufsbildungsgesetz ☐

Jugendarbeitsschutzgesetz ☐

137. Aufgabe

Der Auszubildende Hans ist 16 1/2 Jahre alt. Er arbeitet täglich regelmäßig neun Stunden in einem Industrieunternehmen (Ausbildungsbetrieb). Samstags hat er frei. Er erkundigt sich bei Ihnen, ob diese Regelung der Arbeitszeit nach dem Jugendarbeitsschutzgesetz zulässig sei.
Welche richtige Antwort geben Sie ihm?

1. Die Bestimmungen des Jugendarbeitsschutzgesetzes sind eingehalten worden.
2. Wenn du jünger als 16 Jahre wärst, wäre eine neunstündige Arbeitszeit unzulässig, aber du bist ja schon älter.
3. Jugendliche unter 18 Jahren dürfen grundsätzlich höchstens acht Stunden täglich arbeiten. Wenn du aber samstags frei hast, ist eine neunstündige Arbeitszeit täglich erlaubt.
4. Die Regelung ist nicht zulässig. Du darfst nur in ganz bestimmten Ausnahmefällen täglich länger als acht Stunden arbeiten.
5. Die Vorschriften des Jugendarbeitsschutzgesetzes können jederzeit durch private Abmachungen zwischen Chef und Auszubildenden abgeändert werden.

▶ ☐

Menschliche Arbeit im Betrieb

Situation zur 138. und 139.Aufgabe

Als Mitarbeiterin der Personalabteilung werden Sie von einer Auszubildenden informiert, dass sie schwanger ist.

138. Aufgabe

Prüfen Sie, welche Feststellung hinsichtlich der Rechtslage zutrifft.

1. Das Mutterschutzgesetz gilt in diesem Fall nicht, da der Berufsausbildungsvertrag zeitlich befristet ist.
2. Die Auszubildende darf in den ersten acht Wochen nach einer normalen Entbindung nicht ausgebildet werden.
3. Die Auszubildende darf in den letzten vier Wochen vor der Entbindung nicht beschäftigt werden.
4. Während der verbleibenden Ausbildungszeit darf die Schwangere nur vier Stunden täglich ausgebildet werden.
5. Die Kündigung des Ausbildungsverhältnisses ist unter Einhaltung einer Monatsfrist zulässig.

139. Aufgabe

Die Auszubildende hat verschiedene Informationen zum Mutterschutz erhalten. Sie möchte von Ihnen wissen, welche Information zutrifft.
Prüfen Sie, welche Feststellung richtig ist.

1. Mütter dürfen bis zum Ablauf von sechs Wochen nach der Entbindung nicht beschäftigt werden.
2. Frauen haben nur sechs Wochen vor und acht Wochen nach der Entbindung Kündigungsschutz.
3. Die Kündigung einer Frau während der Schwangerschaft und bis zum Ablauf von 6 Monaten nach der Entbindung ist unzulässig.
4. Werdende und stillende Mütter dürfen mit Mehrarbeit, Nacht- und Sonntagsarbeit grundsätzlich nicht beschäftigt werden. Ausnahmen in bestimmten Wirtschaftszweigen sind möglich.
5. In allen Betrieben ist das Mutterschutzgesetz an geeigneter Stelle auszulegen.

140. Aufgabe

Welche Stelle hat den gesetzlichen Auftrag, die Einhaltung der Arbeitssicherheitsvorschriften (Unfallverhütung) in den Betrieben zu überwachen?

1. Das Amt für Arbeitsschutz und Sicherheitstechnik (Gewerbeaufsichtsamt)
2. Die Ortspolizei
3. Die zuständige Industrie- und Handelskammer
4. Die Allgemeine Ortskrankenkasse
5. Der TÜV (Technischer Überwachungsverein)

141. Aufgabe

Auf welche Gefahr soll die nebenstehende Abbildung hinweisen?

1. Explosionsgefahr
2. Gefahr durch Säure
3. Gefahr durch Elektrizität
4. Gefahr durch Laserstrahlen
5. Gefahr durch Blitzschlag
6. Gefahr durch Feuer

142. Aufgabe

Warum sind Sie verpflichtet, bis zu einem bestimmten Einkommen eine gesetzliche Krankenversicherung abzuschließen?

1. Die gesetzlichen Krankenversicherungen sind leistungsfähiger als private Krankenversicherungen.
2. Nur die in den gesetzlichen Krankenkassen Versicherten haben Anspruch auf Behandlung in einem öffentlichen Krankenhaus.
3. Nur bei einer gesetzlichen Krankenversicherung zahlt auch der Betrieb die Hälfte der Beiträge.
4. Die Versorgung im Krankheitsfall soll auf jeden Fall sichergestellt sein.
5. Nur durch die gesetzliche Krankenversicherung ist die Versorgung im Krankheitsfall gewährleistet.

143. Aufgabe

Prüfen Sie, in welcher Zeile die Sozialversicherungsleistungen bei den zuständigen Versicherungen bzw. Versicherungsträgern richtig zugeordnet sind und tragen Sie die entsprechende Kennziffer in das Kästchen ein.

Krankenversicherung (Krankenkasse)	Unfallversicherung (Berufsgenossenschaft)
1. Leistungen zur Verhütung und Früherkennung von Krankheiten (Vorsorgeuntersuchungen)	Erwerbsunfähigkeitsrente
2. Leistungen zur Erhaltung, Besserung und Wiederherstellung der Erwerbsfähigkeit	Haushaltshilfe nach Arbeitsunfall
3. Krankenhausbehandlung und häusliche Krankenpflege nach Sportunfall	Rente wegen Minderung der Erwerbsfähigkeit durch Arbeitsunfall
4. Haushaltshilfe bei Schwangerschaft	Krankengeld
5. Berufsunfähigkeitsrente	Leistungen zur Erhaltung, Besserung und Wiederherstellung der Erwerbsfähigkeit
6. Maßnahmen zur Ersten Hilfe bei Arbeitsunfällen	Maßnahmen zur Verhütung von Arbeitsunfällen

---

144. Aufgabe

Die gesetzliche Unfallversicherung schützt alle Arbeitnehmer, die einen Arbeitsunfall erleiden, der in einem ursächlichen Zusammenhang mit ihrem Arbeitsverhältnis steht.
Prüfen Sie, in welchem Fall von einem Arbeitsunfall gesprochen werden kann.

1. In der Frühstückspause lässt sich der 22-jährige Georg von seinen Arbeitskollegen zu einer „Mutprobe" verleiten. In der Absicht, seinen Freunden zu imponieren, klettert er auf einen im Betriebsgelände stehenden Baum, stürzt ab und bricht sich ein Bein.
2. Ein Arbeitnehmer verunglückt am freien Samstag beim Einkaufen in der Stadt (u. a. Berufskleidung).
3. Ein Arbeitnehmer kommt nach einer Betriebsfeier betrunken nach Hause und bricht sich das Schlüsselbein, als er im Treppenhaus stürzt.
4. Die Auszubildende Inge M. fährt mit dem Fahrrad von ihrer Wohnung zum Bahnhof, um sich eine Monatskarte für die anschließende Fahrt zur Arbeitsstelle zu kaufen. Sie stürzt und verletzt sich erheblich.
5. Der Auszubildende Michael K. fällt auf dem Weg zur Berufsschule im unbeleuchteten, elterlichen Treppenhaus und bricht sich das Bein.

---

145. Aufgabe

Prüfen Sie, welcher Vorfall als Arbeitsunfall gilt und daher unfallversichert ist.

1. Ein Arbeitnehmer verunglückt auf dem Heimweg von der Arbeit in einem abseits vom direkten Weg gelegenen Kaufhaus.
2. Ein Arbeitnehmer verunglückt am freien Samstag auf einem Sportplatz beim Fußballspiel mit Arbeitskollegen.
3. Ein Arbeitnehmer verunglückt werktags beim Aufstehen in seiner Wohnung.
4. Ein Auszubildender verunglückt auf dem Weg zum Schwimmbad, das er besucht, weil der Unterricht in der Berufsschule ausfällt.
5. Drei Arbeitnehmer eines Betriebes bilden eine Fahrgemeinschaft. Ein Arbeitnehmer holt die beiden anderen mit seinem Pkw ab. Dazu muss er einen Umweg machen und verunglückt.

---

146. Aufgabe

Ordnen Sie zu, indem Sie die Kennziffern von **3** der insgesamt 7 regelmäßig wiederkehrenden Verrichtungen im Ablauf des täglichen Lebens in die Kästchen bei den entsprechenden Bereichen eintragen, die für die Feststellung der Pflegebedürftigkeit maßgebend sind.

Verrichtungen

1. Hilfe beim An- und Auskleiden
2. Einkaufen
3. Kämmen
4. Wäsche und Kleidung reinigen
5. Mundgerechtes Zubereiten der Nahrung
6. Kochen
7. Reinigen der Wohnung

Bereiche

Körperpflege ☐

Ernährung ☐

Mobilität ☐

147. Aufgabe

Bringen Sie die folgenden Schritte bei der Bearbeitung eines Antrages auf Leistungen aus der Pflegeversicherung, der von der Pflegekasse abgelehnt wird, in die richtige Reihenfolge, indem Sie die Ziffern 1 bis 7 in die Kästchen eintragen.

Der Medizinische Dienst der Krankenversicherung prüft, ob die Voraussetzungen für die Pflegebedürftigkeit gegeben sind. ☐

Die Pflegekasse (z. B. AOK) lehnt den Antrag aufgrund des Gutachtens des Medizinischen Dienstes schriftlich ab. ☐

Die Versicherte stellt bei der zuständigen Pflegekasse einen Antrag auf Pflegegeld. ☐

Die Versicherte legt gegen den Bescheid der Pflegekasse schriftlich begründeten Widerspruch ein. ☐

Der Medizinische Dienst teilt der Pflegekasse das Ergebnis seiner Untersuchung und Prüfung in einem Gutachten mit. ☐

Die Versicherte ist mit der ablehnenden Entscheidung nicht einverstanden und klagt beim zuständigen Sozialgericht. ☐

Nach nochmaliger Prüfung entscheidet die Widerspruchsstelle bei der Pflegekasse und lehnt den Antrag erneut ab. ☐

148. Aufgabe

Am 1. Januar 1995 ist das Pflegeversicherungsgesetz in Kraft getreten.
Prüfen Sie, welche Feststellung für die Pflegeversicherung zutrifft.

1. Die Pflegeversicherung als neuer Zweig der Sozialversicherung gilt nur für Pflichtversicherte in der Krankenversicherung.
2. Die Pflegeversicherung gilt nur für Pflichtversicherte in der Unfallversicherung. Sie deckt das finanzielle Risiko eines notwendigen Daueraufenthalts in einem Pflegeheim ab.
3. Die Pflegeversicherung gilt nur für privat Krankenversicherte, die pflegebedürftig werden und seither keinen Anspruch auf Leistungen aus der Sozialversicherung hatten.
4. Die Pflegeversicherung ist eine Pflichtversicherung für die gesamte Bevölkerung. Sie soll mit ihren Leistungen vorrangig die häusliche Pflege und die Pflegebereitschaft der Angehörigen unterstützen.
5. Die Pflegeversicherung gilt für alle Arbeitnehmer, die der Sozialversicherungspflicht unterliegen. Sie dient zur vollen Finanzierung der gesamten Kosten für die stationäre Pflege in einem Altersheim.

▶ ☐

149. Aufgabe

Auf dem Weg zum Arbeitsplatz stürzt ein Auszubildender auf der Straße, verletzt sich und muss einen Arzt aufsuchen. Kurz danach erscheint er im Betrieb und berichtet dem Ausbilder von seinem Missgeschick.
Wem muss dieser Vorfall gemeldet werden?

1. Dem Gewerbeaufsichtsamt (Staatliches Amt für Arbeitsschutz und Sicherheitstechnik)
2. Der Bundesagentur für Arbeit
3. Der Arbeitsagentur
4. Der Deutschen Rentenversicherung
5. Der Berufsgenossenschaft

▶ ☐

---

150. Aufgabe

Ihr Ausbildungsbetrieb ist verpflichtet, den Beitrag für Ihre Unfallversicherung allein zu zahlen.
Wer ist Träger der betrieblichen Unfallversicherung?

1. Die Berufsgenossenschaft
2. Die Bundesagentur für Arbeit
3. Die Allgemeine Ortskrankenkasse
4. Der zuständige Berufsverband
5. Die Deutsche Rentenversicherung

▶ ☐

---

151. Aufgabe

Prüfen Sie, wofür die Berufsgenossenschaften zuständig sind.

1. Für die Altersversorgung im Handwerk und in den freien Berufen
2. Für die gesetzliche Unfallversicherung
3. Für Schadenersatz an den privaten Gegenständen des Arbeitnehmers
4. Für die Zahlung von Altersruhegeld
5. Für die Zahlung von Umschulungskosten an Personen, die in ihrem erlernten Beruf aufgrund der Arbeitsmarktlage keine Arbeit mehr finden

▶ ☐

---

152. Aufgabe

Ordnen Sie zu, indem Sie die Kennziffern von **2** der insgesamt 5 Sachverhalte in die Kästchen bei den Trägern der Sozialversicherung eintragen.

Sachverhalte

1. Ein Arbeitnehmer verunglückt auf dem Heimweg von der Arbeitsstätte und ist daraufhin arbeitsunfähig.
2. Ein Arbeitnehmer erleidet auf dem Heimweg von der Arbeitsstätte Sachschaden an seinem Auto.
3. Ein Arbeitnehmer tritt wegen einer krankheitsbedingten Erwerbsunfähigkeit vorzeitig in den Ruhestand.
4. Ein Arbeitnehmer ist länger als sechs Wochen erkrankt.
5. Ein Arbeitnehmer verunglückt nach einem privaten Umweg auf dem Heimweg von der Arbeitsstätte und ist daraufhin arbeitsunfähig.

Träger der Sozialversicherung

Deutsche Rentenversicherung ☐

Berufsgenossenschaft ☐

---

153. Aufgabe

Ein Kunde will im Lager Ihres Ausbildungsbetriebs eine Ware besichtigen und wird von einer herabfallenden Kiste verletzt.
Welche Versicherung ist für diesen Fall zuständig, wenn der Kunde vor Betreten der Betriebsräume keine Haftungsausschlusserklärung unterschrieben hat?

1. Die Haftpflichtversicherung des Kunden
2. Die Krankenversicherung des Kunden
3. Die betriebliche Unfallversicherung (Berufsgenossenschaft)
4. Die betriebliche Haftpflichtversicherung
5. Die Gebäudehaftpflichtversicherung des Ausbildungsbetriebs

▶ ☐

154. Aufgabe

Prüfen Sie, welche Feststellung zur gesetzlichen Krankenversicherung zutrifft.

1. Zu den Regelleistungen der Krankenversicherung gehören Heilbehandlung und andere Leistungen, die der Erhaltung, Besserung und Wiederherstellung der Erwerbsfähigkeit dienen.
2. Die Beiträge zur Krankenkasse werden vom Arbeitnehmer gezahlt und richten sich nach der Höhe des Bruttolohns.
3. Arbeiter und Angestellte sind grundsätzlich ohne Rücksicht auf die Höhe ihres Verdienstes krankenversicherungspflichtig.
4. Der Versicherungsschutz der Krankenkassen umfasst auch Maßnahmen zur Früherkennung von Krankheiten.
5. Das Krankengeld ist für jeden Arbeitnehmer gleich hoch und unabhängig vom Verdienst.

▶ ☐

---

155. Aufgabe

Ordnen Sie zu, indem Sie die Kennziffern von **2** der insgesamt 5 Leistungen in die Kästchen bei den entsprechenden Versicherungen eintragen.

Leistungen

1. Leistungen zur Erhaltung, Besserung und Wiederherstellung der Erwerbsfähigkeit
2. Zuschüsse zur Förderung der Arbeitsaufnahme, vor allem zur Ausbildung und Umschulung
3. Verletztenrente als Folge einer Explosion in einem Chemiewerk
4. Beiträge zur Kranken- und Unfallversicherung der Arbeitslosen
5. Betreuung und Hilfe bei Schwangerschaften und Entbindungen

Versicherungen

Gesetzliche Rentenversicherung ☐

Gesetzliche Unfallversicherung ☐

---

156. Aufgabe

Prüfen Sie, in welcher Zeile die Sozialversicherungsleistungen bei den zuständigen Versicherungsträgern richtig zugeordnet sind und tragen Sie die entsprechende Kennziffer in das Kästchen ein.

	Arbeitslosenversicherung (Bundesagentur für Arbeit)	Rentenversicherung Deutsche Rentenversicherung
1.	Maßnahmen zur Erhaltung, Besserung und Wiederherstellung der Erwerbsfähigkeit	Arbeitsvermittlung
2.	Kurzarbeitergeld	Umschulungshilfen aus Arbeitsmarktgründen
3.	Betriebsrente	Berufsunfähigkeitsrente
4.	Arbeitslosengeld II	Rente wegen berufsbedingter Minderung der Erwerbsfähigkeit
5.	Berufsberatung und Vermittlung von Ausbildungsstellen	Erwerbsunfähigkeitsrente

▶ ☐

---

157. Aufgabe

Ordnen Sie zu, indem Sie die Kennziffern von **2** der insgesamt 5 Versicherungs- bzw. Steuerarten in die Kästchen bei den Zahlungspflichtigen eintragen.

Versicherungs- bzw. Steuerarten

1. Rentenversicherung
2. Unfallversicherung
3. Lohnsteuer
4. Krankenversicherung
5. Arbeitslosenversicherung

Zahlungspflichtige

Arbeitnehmer allein ☐

Arbeitgeber allein ☐

158. Aufgabe

Prüfen Sie, welche Information zur Beitragsbemessungsgrenze zutrifft.

1. Ab der Beitragsbemessungsgrenze steigen die Beiträge zur Kranken-, Pflege-, Arbeitslosen-, Renten- und Unfallversicherung nicht mehr an.
2. Die Beitragsbemessungsgrenze gilt nur für Lohnempfänger.
3. Für die Renten- und Krankenversicherung gelten die gleichen Beitragsbemessungsgrenzen.
4. Ab der Beitragsbemessungsgrenze beginnt für die Lohn- und Gehaltsempfänger die Sozialversicherungspflicht.
5. Die Beitragsbemessungsgrenze in der Rentenversicherung wird in der Regel jährlich der allgemeinen Einkommensentwicklung angepasst.

159. Aufgabe

Prüfen Sie, welche richtige Erklärung sich aus unten stehender Grafik ableiten lässt.

1. Der Arbeitgeberanteil zur Sozialversicherung betrug 1990 35,6 %.
2. Im Jahr 2010 beträgt der Arbeitnehmeranteil an der Sozialversicherung bei günstiger Entwicklung 43,4 %.
3. Bei ungünstiger Entwicklung liegt im Jahr 2040 der gesamte Beitragssatz zur Sozialversicherung über 50 %.
4. Bis 1998 hat sich der gesamte Beitragssatz zur Sozialversicherung im Berichtszeitraum schon fast verdoppelt.
5. Die Entwicklung der Beitragssätze gilt ab 1990 für Gesamtdeutschland.

Seit 1995 Gesamtdeutschland

160. Aufgabe

Die Zukunftsprobleme der Rentenversicherung hängen u. a. mit dem Geburtenrückgang und dem ungünstigen Altersaufbau der Bevölkerung zusammen.
Stellen Sie fest, welche richtige Erklärung sich aus nebenstehender Grafik ableiten lässt.

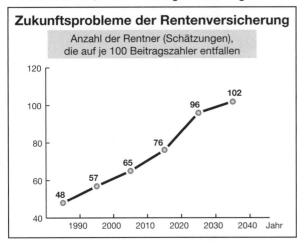

Zukunftsprobleme der Rentenversicherung

Anzahl der Rentner (Schätzungen), die auf je 100 Beitragszahler entfallen

1. In der Grafik ist die voraussichtliche prozentuale Entwicklung der Durchschnittsrenten angegeben.
2. In der Bundesrepublik gibt es im Jahr 2030 voraussichtlich mehr Rentner als Beitragszahler.
3. Die Zahl der Rentner wird sich zwischen 1990 und 2030 im Verhältnis zu den Beitragszahlern voraussichtlich verdreifachen.
4. Zu Beginn der 90er-Jahre kam auf zwei Beitragszahler etwa ein Rentner.
5. Zwischen 2030 und 2040 wird im Berichtszeitraum voraussichtlich der stärkste Anstieg der Rentner im Vergleich zu den Beitragszahlern sein.

---

161. Aufgabe

Heute kann niemand genau sagen, wie es um die Finanzen der Rentenkassen in dreißig oder vierzig Jahren bestellt sein wird. Trotzdem ist es wichtig, Prognosen zu stellen, um die Belastungen einzuschätzen und notwendige Entscheidungen zu treffen.
Prüfen Sie, welche Feststellung über die unten stehende Grafik zur Beitragsentwicklung in der Rentenversicherung zutrifft.

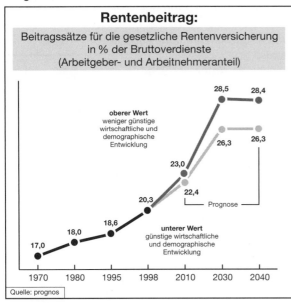

Rentenbeitrag:

Beitragssätze für die gesetzliche Rentenversicherung in % der Bruttoverdienste
(Arbeitgeber- und Arbeitnehmeranteil)

oberer Wert
weniger günstige wirtschaftliche und demographische Entwicklung

unterer Wert
günstige wirtschaftliche und demographische Entwicklung

Prognose

Quelle: prognos

1. Bei günstiger Entwicklung werden die Beitragssätze für die gesetzliche Rentenversicherung im Jahr 2010 23 % betragen.
2. 1970 lagen die Beitragssätze zur gesetzlichen Rentenversicherung bei 18 %.
3. 1998 lagen die Beitragssätze zur gesetzlichen Rentenversicherung noch unter 20 %.
4. In den Jahren 2030 und 2040 bleiben bei Annahme der günstigen Entwicklung die Beitragssätze zur gesetzlichen Rentenversicherung gleich.
5. Bei Annahme der ungünstigen Entwicklung liegen die Beitragssätze zur gesetzlichen Rentenversicherung im Jahr 2040 höher als im Jahr 2030.

Menschliche Arbeit im Betrieb

162. Aufgabe

Die Altersstruktur der Bevölkerung eines Landes ist ein wichtiges Datum für wirtschafts- und sozialpolitische Entwicklungen und Entscheidungen.
Prüfen Sie, welche Feststellung zur Grafik über den Anteil der über 65-Jährigen zutrifft.

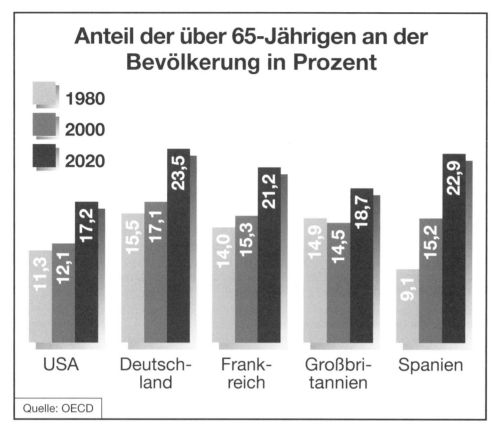

1. Im Jahr 2020 lebt in Spanien voraussichtlich die größte Zahl der über 65-Jährigen im Vergleich zu den anderen angegebenen Ländern.
2. In Großbritannien leben im Jahr 2000 voraussichtlich 14,9 % über 65-Jährige.
3. Die USA haben im Vergleich zu den anderen Ländern in allen angegebenen Jahren jeweils den geringsten Anteil der über 65-Jährigen an der Bevölkerung.
4. In allen in der Grafik angegebenen Vergleichsländern steigt von 1980 bis zum Jahr 2000 der Anteil der über 65-Jährigen an der Bevölkerung in gleichem Maße an.
5. Deutschland hat in allen angegebenen Vergleichsjahren den höchsten Anteil der über 65-Jährigen an der Bevölkerung.

Situation zur 163. bis 165. Aufgabe

Im Rahmen eines Seminars über Probleme des Sozialstaates erhalten Sie als Unterrichtsmaterial zur Diskussion und Auswertung u. a. unten stehende Grafiken und eine Zusammenstellung von Diskussionspunkten über den „unsozialen Sozialstaat" (siehe Seite   ).

163. Aufgabe

Prüfen Sie, welche zutreffenden Feststellungen sich aus der Grafik zur Rentenreform ableiten lassen.

1. Der „Generationenausgleich" bei der Rentenversicherung soll ausschließlich durch höhere Beiträge zur Rentenversicherung herbeigeführt werden.
2. Der „Generationenausgleich" bei der Rentenversicherung soll ausschließlich durch schwächer steigende Renten herbeigeführt werden.
3. Die Beitragssätze zur Rentenversicherung werden voraussichtlich während des gesamten Planungszeitraums ansteigen.
4. Die Renten werden unabhängig von der Lohnentwicklung während des gesamten Planungszeitraums allmählich abnehmen.
5. Der „Generationenausgleich" soll durch höhere Beitragssätze zur Rentenversicherung und durch geringer ansteigende Renten herbeigeführt werden.
6. Das Nettorentenniveau wird voraussichtlich während des gesamten Planungszeitraums abnehmen.
7. Der höchste Beitragssatz nach diesem Gesetz zur Rentenreform beträgt 22 %.

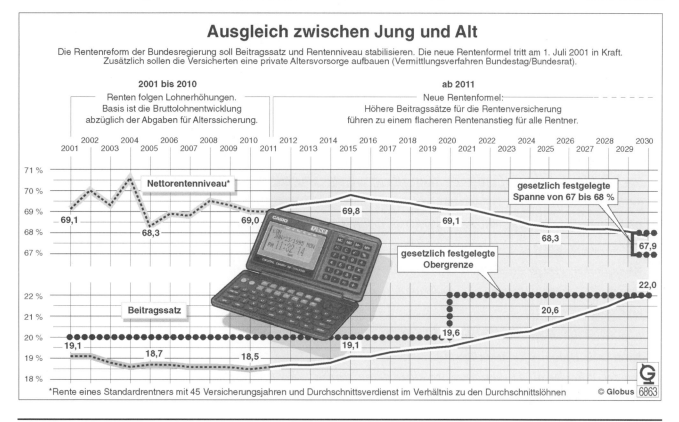

Ausgleich zwischen Jung und Alt

Die Rentenreform der Bundesregierung soll Beitragssatz und Rentenniveau stabilisieren. Die neue Rentenformel tritt am 1. Juli 2001 in Kraft. Zusätzlich sollen die Versicherten eine private Altersvorsorge aufbauen (Vermittlungsverfahren Bundestag/Bundesrat).

2001 bis 2010
Renten folgen Lohnerhöhungen.
Basis ist die Bruttolohnentwicklung
abzüglich der Abgaben für Alterssicherung.

ab 2011
Neue Rentenformel:
Höhere Beitragssätze für die Rentenversicherung
führen zu einem flacheren Rentenanstieg für alle Rentner.

*Rente eines Standardrentners mit 45 Versicherungsjahren und Durchschnittsverdienst im Verhältnis zu den Durchschnittslöhnen

© Globus 6863

164. Aufgabe

Prüfen Sie, welcher Versicherungszweig nicht zur gesetzlichen Sozialversicherung zählt.

1. Krankenversicherung
2. Rentenversicherung
3. Unfallversicherung
4. Haftpflichtversicherung
5. Arbeitslosenversicherung
6. Pflegeversicherung

---

165. Aufgabe

In einer Diskussion mit Freunden haben Sie Meinungen zu Problemen der sozialen Sicherungssysteme aufgeschrieben.
Prüfen Sie, welche Feststellung sich aus dieser unten stehenden Zusammenstellung zutreffend entnehmen lässt.

1. Der Schuldenstand aller öffentlichen Haushalte ist doppelt so hoch wie der Bundeshaushalt.
2. Die Probleme der Rentenversicherung entstehen insbesondere dadurch, dass bis zum Jahr 2020 möglicherweise nur ein Beitragszahler die Rente für einen Rentner finanzieren muss.
3. Das unübersichtliche und teilweise fragwürdige Sozialsystem verführt zum Missbrauch. Nach einer Umfrage rechnet man mit mindestens 400 Missbrauchsfällen je Sozialamt.
4. Steigende Arbeitslosenzahlen erhöhen die Kosten für die Arbeitslosenversicherung. Die dadurch steigenden Lohnnebenkosten führen tendenziell zu weiteren Arbeitsplatzverlusten.
5. Die Beiträge zur Krankenversicherung werden sich bis zum Jahr 2030 voraussichtlich verdoppeln.

Zusammenstellung der Diskussionspunkte

- Die Rentenversicherung gerät spätestens 2030 vollends aus dem Lot. Auf jeden Beschäftigten könnte dann ein Rentner kommen, dessen Ansprüche er mit seinen Beiträgen abdecken soll.

- Der Schuldenstand aller öffentlichen Haushalte ist auf über eine Billion Euro gestiegen, mithin das Fünffache des Bundesetats.

- Die Beiträge zur Krankenversicherung erhöhen sich trotz aller Zuzahlungen bis zum Jahr 2030, vorsichtig geschätzt, um 30 Prozent.

- Wenn immer weniger Beschäftigte immer mehr Arbeitssuchende finanzieren müssen, steigen die Lohnnebenkosten, was wiederum fast automatisch neue Arbeitslose produziert.

- Begünstigt durch die Unübersichtlichkeit der Sozialtransfers verlieren immer mehr Bürger alle Hemmungen gegenüber den Betreuungsinstanzen. Rund 15 Prozent aller von den Behörden direkt vergebenen Sozialleistungen werden, einer Umfrage unter 400 Sozialämtern zufolge, zu Unrecht kassiert.

Situation zur 166. bis 171. Aufgabe

Sie werden bei der Metallbau GmbH zur Wahl für die Jugend- und Auszubildendenvertretung (JAV) vorgeschlagen. In diesem Zusammenhang machen Sie sich mit entsprechenden rechtlichen Grundlagen aus dem Betriebsverfassungsgesetz (siehe Auszug) vertraut.

Abbildung zur 166. bis 171. Aufgabe

Betriebsverfassungsgesetz (Auszug)

§ 60. Errichtung und Aufgabe. (1) In Betrieben mit in der Regel mindestens fünf Arbeitnehmern, die das 18. Lebensjahr noch nicht vollendet haben (jugendliche Arbeitnehmer) oder die zu ihrer Berufsausbildung beschäftigt sind und das 25. Lebensjahr noch nicht vollendet haben, werden Jugend- und Auszubildendenvertretungen gewählt.

(2) Die Jugend- und Auszubildendenvertretung nimmt nach Maßgabe der folgenden Vorschriften die besonderen Belange der in Absatz 1 genannten Arbeitnehmer wahr.

§ 61. Wahlberechtigung und Wählbarkeit. (1) Wahlberechtigt sind alle in § 60 Abs. 1 genannten Arbeitnehmer des Betriebs.

(2) Wählbar sind alle Arbeitnehmer des Betriebs, die das 25. Lebensjahr noch nicht vollendet haben. Mitglieder des Betriebsrats können nicht zu Jugend- und Auszubildendenvertretern gewählt werden.

§ 64. Zeitpunkt der Wahlen und Amtszeit. (1) Die regelmäßigen Wahlen der Jugend- und Auszubildendenvertretung finden alle zwei Jahre in der Zeit vom 1. Oktober bis 30. November statt.

§ 67. Teilnahme an Betriebsratssitzungen. (1) Die Jugend- und Auszubildendenvertretung kann zu allen Betriebsratssitzungen einen Vertreter entsenden. Werden Angelegenheiten behandelt, die besonders die in § 60 Abs. 1 genannten Arbeitnehmer betreffen, so hat zu diesen Tagesordnungspunkten die gesamte Jugend- und Auszubildendenvertretung ein Teilnahmerecht.

(2) Die Jugend- und Auszubildendenvertreter haben Stimmrecht, so weit die zu fassenden Beschlüsse des Betriebsrats überwiegend die in § 60 Abs. 1 genannten Arbeitnehmer betreffen.

§ 70. Allgemeine Aufgaben. (1) Die Jugend- und Auszubildendenvertretung hat folgende allgemeine Aufgaben:

1. Maßnahmen, die den in § 60 Abs. 1 genannten Arbeitnehmern dienen, insbesondere in Fragen der Berufsbildung, beim Betriebsrat zu beantragen;

2. darüber zu wachen, dass die zugunsten der in § 60 Abs. 1 genannten Arbeitnehmer geltenden Gesetze, Verordnungen, Unfallverhütungsvorschriften, Tarifverträge und Betriebsvereinbarungen durchgeführt werden;

3. Anregungen von in § 60 Abs. 1 genannten Arbeitnehmern, insbesondere in Fragen der Berufsbildung, entgegenzunehmen und, falls sie berechtigt erscheinen, beim Betriebsrat auf eine Erledigung hinzuwirken. Die Jugend- und Auszubildendenvertretung hat die betroffen in § 60 Abs. 1 genannten Arbeitnehmer über den Stand und das Ergebnis der Verhandlungen zu informieren.

(2) Zur Durchführung ihrer Aufgaben ist die Jugend- und Auszubildendenvertretung durch den Betriebsrat rechtzeitig und umfassend zu unterrichten. Die Jugend- und Auszubildendenvertretung kann verlangen, dass ihr der Betriebsrat die zur Durchführung ihrer Aufgaben erforderlichen Unterlagen zur Verfügung stellt.

§ 71. Jugend- und Auszubildendenversammlung. Die Jugend- und Auszubildendenvertretung kann vor oder nach jeder Betriebsversammlung im Einvernehmen mit dem Betriebsrat eine betriebliche Jugend und Auszubildendenversammlung einberufen.

166. Aufgabe

Prüfen Sie, wer nach dem Betriebsverfassungsgesetz für die Jugend- und Auszubildendenvertretung (JAV) wahlberechtigt ist.

1. Alle Auszubildenden
2. Alle Arbeitnehmer bis zur Vollendung des 25. Lebensjahres
3. Alle minderjährigen Arbeitnehmer und alle Auszubildenden
4. Alle minderjährigen Arbeitnehmer und alle Auszubildenden bis zur Vollendung des 25. Lebensjahres
5. Alle minderjährigen Arbeitnehmer

167. Aufgabe

Für welche Arbeitnehmer ist die Jugend- und Auszubildendenvertretung zuständig?

1. Nur für die Auszubildenden
2. Nur für alle minderjährigen Arbeitnehmer
3. Nur für minderjährige Arbeitnehmer und Auszubildende, die das 25. Lebensjahr noch nicht vollendet haben
4. Für alle Arbeitnehmer, die das 25. Lebensjahr noch nicht vollendet haben
5. Für jugendliche Arbeitnehmer und alle Auszubildenden, auch wenn sie über 25 Jahre alt sind

---

168. Aufgabe

Prüfen Sie, wer nach dem Betriebsverfassungsgesetz für die JAV wählbar ist.

1. Alle Auszubildenden
2. Alle minderjährigen Arbeitnehmer
3. Alle minderjährigen Arbeitnehmer und alle Auszubildenden
4. Alle minderjährigen Arbeitnehmer und alle Auszubildenden bis zur Vollendung des 25. Lebensjahres
5. Alle Arbeitnehmer bis zur Vollendung des 25. Lebensjahres mit Ausnahme von Betriebsratsmitgliedern

---

169. Aufgabe

Wie viele Jahre beträgt die Amtszeit der JAV?

1. Ein Jahr
2. Zwei Jahre
3. Drei Jahre
4. Vier Jahre
5. Fünf Jahre

---

170. Aufgabe

Welches Recht hat die Jugend- und Auszubildendenvertretung (JAV) der Metallbau GmbH nach dem Betriebsverfassungsgesetz?

1. Die JAV kann vor oder nach jeder Betriebsversammlung auch ohne Zustimmung des Betriebsrates eine Jugend- und Auszubildendenversammlung einberufen.
2. Die JAV kann zu Betriebsratssitzungen einen Vertreter entsenden, der bei allen zu fassenden Beschlüssen stimmberechtigt ist.
3. Die JAV hat wahlweise das Recht, die für ihre Arbeit erforderlichen Unterlagen vom Betriebsrat oder vom Arbeitgeber zu verlangen.
4. Die JAV kann einer beabsichtigten Kündigung eines in der Ausbildung befindlichen Jugendlichen rechtswirksam widersprechen.
5. Die JAV kann Anträge an die Geschäftsleitung nur über den Betriebsrat stellen.

---

171. Aufgabe

Der Betriebsrat der Metallbau GmbH behandelt in einer Sitzung auch Fragen der Berufsausbildung. Prüfen Sie, welche Regelung hinsichtlich des Teilnahme- und Stimmrechts gilt.

1. An dieser Sitzung muss neben der JAV auch der Ausbildungsleiter teilnehmen.
2. Die JAV braucht an der Sitzung nicht teilzunehmen, weil der Betriebsrat die JAV schriftlich über die Ergebnisse informieren muss.
3. Die JAV muss an der Sitzung nicht teilnehmen, da sie Fragen der Ausbildung direkt mit der Geschäftsleitung bespricht.
4. An der Sitzung zu diesen Tagesordnungspunkten hat die gesamte JAV ein Teilnahme- und Stimmrecht.
5. Eine Teilnahme aller JAV-Mitglieder ist rechtlich nicht vorgesehen. Es genügt, wenn der/die JAV-Vorsitzende mit Stimmrecht teilnimmt.

172. Aufgabe

Zwischen der Geschäftsleitung Ihres Ausbildungsbetriebs und dem Betriebsrat werden Betriebsvereinbarungen abgeschlossen.
Welcher Sachverhalt kann in einer Betriebsvereinbarung geregelt werden?

1. Kündigungsfristen
2. Gleitende Arbeitszeit
3. Tarifliche Wochenarbeitszeit
4. Mindesturlaubsansprüche
5. Tarifliche Mindestlöhne

---

173. Aufgabe

Im Betriebsverfassungsgesetz sind Wahl und Aufgaben des Betriebsrates geregelt.
Prüfen Sie, welche Feststellung zutrifft.

1. In jedem Betrieb muss ein Betriebsrat gewählt werden.
2. Der Betriebsrat hat je zur Hälfte aus weiblichen und männlichen Mitarbeitern zu bestehen.
3. Wahlberechtigt sind alle Arbeitnehmer mit vollendetem 21. Lebensjahr.
4. Soweit der Betriebsrat ein Mitwirkungsrecht hat, wird diese Maßnahme erst mit seiner Zustimmung wirksam, z. B. bei jeder Kündigung.
5. Ein Mitbestimmungsrecht hat der Betriebsrat bei sozialen Angelegenheiten, z. B. bei der Aufstellung des Urlaubsplanes.

---

174. Aufgabe

In welchem Fall hat der Betriebsrat ein Mitbestimmungsrecht?

1. Planung einer neuen Lagerhalle
2. Einführung eines neuen Beurteilungssystems
3. Überlegungen zu Rationalisierungsmaßnahmen
4. Planung über den zukünftigen Personalbedarf
5. Planung neuer Arbeitsverfahren und Arbeitsabläufe

---

175. Aufgabe

Einem Mitarbeiter wurde aus wichtigem Grund fristlos gekündigt, ohne den Betriebsrat einzuschalten.
Prüfen Sie mithilfe des unten stehenden Auszuges aus dem Betriebsverfassungsgesetz, welche Feststellung zutreffend ist.

1. Die Kündigung ist unwirksam.
2. Die Kündigung ist wirksam, weil ein wichtiger Grund vorlag.
3. Die Kündigung ist wirksam, wenn die Geschäftsleitung die Zustimmung des Arbeitsgerichtes vorlegen kann.
4. Die Kündigung ist wirksam, wenn der Betriebsrat der Kündigung noch innerhalb von sieben Tagen zustimmt.
5. Die Kündigung ist so lange unwirksam, bis der Betriebsrat im Nachhinein zustimmt.

> **Betriebsverfassungsgesetz (Auszug)**
>
> **§ 102. Mitbestimmung bei Kündigungen.** (1) Der Betriebsrat ist vor jeder Kündigung zu hören. Der Arbeitgeber hat ihm die Gründe für die Kündigung mitzuteilen. Eine ohne Anhörung des Betriebsrats ausgesprochene Kündigung ist unwirksam.
>
> (2) Hat der Betriebsrat gegen eine ordentliche Kündigung Bedenken, so hat er diese unter Angabe der Gründe dem Arbeitgeber spätestens innerhalb einer Woche schriftlich mitzuteilen. Äußert er sich innerhalb dieser Frist nicht, gilt seine Zustimmung zur Kündigung als erteilt. Hat der Betriebsrat gegen eine außerordentliche Kündigung Bedenken, so hat er diese unter Angabe der Gründe dem Arbeitgeber unverzüglich, spätestens jedoch innerhalb von drei Tagen, schriftlich mitzuteilen.

Situation zur 176. Aufgabe

Die Personalabteilung der Metallbau GmbH hat zusammen mit der Geschäftsführung einen neuen Personalfragebogen und ein internes Informationsblatt für Personalsachbearbeiter mit Grundsätzen für die Personalbeurteilung entwickelt.

In einer gemeinsamen Besprechung werden diese Papiere dem Betriebsrat vorgelegt.

176. Aufgabe

Prüfen Sie mithilfe des unten stehenden Auszuges aus dem Betriebsverfassungsgesetz, welche Feststellung zutrifft.

1. Nach der gemeinsamen Besprechung und Erörterung mit dem Betriebsrat können die Personalunterlagen auch ohne ausdrückliche Zustimmung des Betriebsrates verwendet werden.
2. Die Unterlagen können nur verwendet werden, wenn der Betriebsrat der Verwendung des Personalfragebogens ausdrücklich zugestimmt hat.
3. Wenn sich die Geschäftsführung und der Betriebsrat nicht über den Inhalt der beiden Papiere einigen können, muss nach den seitherigen Regelungen verfahren werden.
4. Die Geschäftsführung kann sich an die Einigungsstelle wenden. Wenn die Einigungsstelle zustimmt, können die Unterlagen trotz der Bedenken des Betriebsrates verwendet werden.
5. Wenn sich Geschäftsführung und Betriebsrat nicht einigen können, muss das zuständige Arbeitsgericht entscheiden.

Betriebsverfassungsgesetz (Auszug)

§ 94 Personalfragebogen, Beurteilungsgrundsätze. (1) Personalfragebogen bedürfen der Zustimmung des Betriebsrats. Kommt eine Einigung über ihren Inhalt nicht zustande, so entscheidet die Einigungsstelle. Der Spruch der Einigungsstelle ersetzt die Einigung zwischen Arbeitgeber und Betriebsrat.

(2) Absatz 1 gilt entsprechend für persönliche Angaben in schriftlichen Arbeitsverträgen, die allgemein für den Betrieb verwendet werden sollen, sowie für die Aufstellung allgemeiner Beurteilungsgrundsätze.

Situation zur 177. Aufgabe

In Verbindung mit einer Betriebserweiterung plant die Metallbau GmbH den Einbau neuer technischer Anlagen, die Änderung von Arbeitsverfahren und Arbeitsabläufen und als erste Maßnahme die Einrichtung neuer Computer-Arbeitsplätze.

177. Aufgabe

Prüfen Sie mithilfe des unten stehenden Auszuges aus dem Betriebsverfassungsgesetz, welche Einflussmöglichkeit der Betriebsrat bei der Einrichtung der neuen Arbeitsplätze hat.

1. Der Betriebsrat hat bei der Einrichtung neuer Computer-Arbeitsplätze immer ein Mitbestimmungsrecht.
2. Der Betriebsrat hat bei der Einrichtung der Arbeitsplätze in keinem Fall ein echtes Mitbestimmungsrecht.
3. Auch wenn ein Betriebsrat besteht, hat der betroffene Arbeitnehmer davon unabhängig ein Widerspruchsrecht gegen geplante Änderungen an seinem Arbeitsplatz.
4. Der Betriebsrat hat immer nur ein Unterrichtungs- und Beratungsrecht bei der Planung neuer Arbeitsplätze.
5. Der Betriebsrat hat ein Mitbestimmungsrecht, wenn die geplanten neuen Arbeitsplätze arbeitswissenschaftliche Erkenntnisse über die menschengerechte Gestaltung widersprechen.

Betriebsverfassungsgesetz (Auszug)

§ 90. Unterrichtungs- und Beratungsrechte. (1) Der Arbeitgeber hat den Betriebsrat über die Planung

1. von Neu-, Um- und Erweiterungsbauten von Fabrikations-, Verwaltungs- und sonstigen betrieblichen Räumen,
2. von technischen Anlagen,
3. von Arbeitsverfahren und Arbeitsabläufen oder
4. der Arbeitsplätze

rechtzeitig unter Vorlage der erforderlichen Unterlagen zu unterrichten.

(2) Der Arbeitgeber hat mit dem Betriebsrat die vorgesehenen Maßnahmen und ihre Auswirkungen auf die Arbeitnehmer, insbesondere auf die Art ihrer Arbeit sowie die sich daraus ergebenden Anforderungen an die Arbeitnehmer so rechtzeitig zu beraten, dass Vorschläge und Bedenken des Betriebsrats bei der Planung berücksichtigt werden können. Arbeitgeber und Betriebsrat sollen dabei auch die gesicherten arbeitswissenschaftlichen Erkenntnisse über die menschengerechte Gestaltung der Arbeit berücksichtigen.

§ 91. Mitbestimmungsrecht. Werden die Arbeitnehmer durch Änderungen der Arbeitsplätze, des Arbeitsablaufs oder der Arbeitsumgebung, die den gesicherten arbeitswissenschaftlichen Erkenntnissen über die menschengerechte Gestaltung der Arbeit offensichtlich widersprechen, in besonderer Weise belastet, so kann der Betriebsrat angemessene Maßnahmen zur Abwendung, Milderung oder zum Ausgleich der Belastung verlangen. Kommt eine Einigung nicht zustande, so entscheidet die Einigungsstelle. Der Spruch der Einigungsstelle ersetzt die Einigung zwischen Arbeitgeber und Betriebsrat.

178. Aufgabe

Ordnen Sie unter Beachtung der unten stehenden Auszüge aus dem Betriebsverfassungsgesetz zu, indem Sie die Kennziffern von **2** der insgesamt 5 Fälle in die Kästchen bei den entsprechenden Mitwirkungs- und Mitbestimmungsrechten des Betriebsrates eintragen.

Fälle

1. Der Personalleiter eines Textilwerkes will einen neuen Sicherheitsbeauftragten einstellen und hat mehrere Bewerbungen vorliegen.
2. Eine Mitarbeiterin aus dem Rechnungswesen einer Metallwarenfabrik soll in eine andere Abteilung versetzt werden.
3. Die Geschäftsleitung der Schneider GmbH beabsichtigt, wegen schlechter Auftragslage die Personalplanung entsprechend zu ändern.
4. Ein Außendienstmitarbeiter eines Werkzeugherstellers soll wegen überdurchschnittlicher Leistungen in die höchste Tarifgruppe eingestuft werden.
5. Die Betriebsleitung eines Chemiewerkes plant im Produktionsbereich die Installierung von Überwachungskameras an allen Arbeitsplätzen.

Mitwirkungs- und Mitbestimmungsrechte des Betriebsrates

Mitbestimmungsrecht bei sozialen Angelegenheiten ☐

Unterrichtungs- und Beratungsrecht ☐

Betriebsverfassungsgesetz (Auszug)

§ 87 Mitbestimmungsrechte. (1) Der Betriebsrat hat, so weit eine gesetzliche oder tarifliche Regelung nicht besteht, in folgenden Angelegenheiten mitzubestimmen:

1. Fragen der Ordnung des Betriebs und des Verhaltens der Arbeitnehmer im Betrieb;
2. Beginn und Ende der täglichen Arbeitszeit einschließlich der Pausen sowie Verteilung der Arbeitszeit auf die einzelnen Wochentage;
3. vorübergehende Verkürzung oder Verlängerung der betriebsüblichen Arbeitszeit;
4. Zeit, Ort und Art der Auszahlung der Arbeitsentgelte;
5. Aufstellung allgemeiner Urlaubsgrundsätze und des Urlaubsplans sowie die Festsetzung der zeitlichen Lage des Urlaubs für einzelne Arbeitnehmer, wenn zwischen dem Arbeitgeber und den beteiligten Arbeitnehmern kein Einverständnis erzielt wird;
6. Einführung und Anwendung von technischen Einrichtungen, die dazu bestimmt sind, das Verhalten oder die Leistung der Arbeitnehmer zu überwachen;

§ 92 Personalplanung. (1) Der Arbeitgeber hat den Betriebsrat über die Personalplanung, insbesondere über den gegenwärtigen und künftigen Personalbedarf sowie über die sich daraus ergebenden personellen Maßnahmen und Maßnahmen der Berufsbildung anhand von Unterlagen rechtzeitig und umfassend zu unterrichten. Er hat mit dem Betriebsrat über Art und Umfang der erforderlichen Maßnahmen und über die Vermeidung von Härten zu beraten.

§ 99 Mitbestimmung bei personellen Einzelmaßnahmen. (1) In Betrieben mit in der Regel mehr als zwanzig wahlberechtigten Arbeitnehmern hat der Arbeitgeber den Betriebsrat vor jeder Einstellung, Eingruppierung, Umgruppierung und Versetzung zu unterrichten, ihm die erforderlichen Bewerbungsunterlagen vorzulegen und Auskunft über die Person der Beteiligten zu geben; er hat dem Betriebsrat unter Vorlage der erforderlichen Unterlagen Auskunft über die Auswirkungen der geplanten Maßnahme zu geben und die Zustimmung des Betriebsrats zu der geplanten Maßnahme einzuholen.

Situation zur 179. und 180. Aufgabe

Sie sind Mitglied des Betriebsrates der Büromöbel GmbH. Zurzeit sind 480 Mitarbeiter in dem Unternehmen beschäftigt. Wegen des sehr erfolgreichen Verlaufes der letzten Fachmesse und der guten Auftragslage sollen zum 1. August 60 neue Mitarbeiter/-innen eingestellt werden.

Daraus ergeben sich auch Konsequenzen für die Mitwirkung und Mitbestimmung der Arbeitnehmer. Der Betriebsrat wurde vor 2 1/2 Jahren gewählt und besteht aus elf Mitgliedern. Einen Aufsichtsrat gibt es nicht.

179. Aufgabe

Prüfen Sie mithilfe des unten stehenden Gesetzestextes, welche Feststellung hinsichtlich des Betriebsrates bzw. der Betriebsratswahlen zutreffend ist.

1. Die Beschäftigtenzahl erhöht sich nach dem 1. August um mehr als 10 %. Deshalb muss ein neuer Betriebsrat gewählt werden.
2. Die Zahl der Betriebsratsmitglieder erhöht sich um zwei, weil mehr als 50 neue Mitarbeiter/innen eingestellt werden.
3. Wählbar sind alle Arbeitnehmer der Büromöbel GmbH, die das 18. Lebensjahr vollendet haben.
4. Bei der Neuwahl des Betriebsrates (Anfang November) kann ein am 1. August eingestellter Monteur als Betriebsratsmitglied gewählt werden.
5. Die neuen Mitarbeiter/innen sind nur wahlberechtigt, wenn sie das 18. Lebensjahr vollendet haben.

Betriebsverfassungsgesetz (Auszug)

Erster Abschnitt. Zusammensetzung und Wahl des Betriebsrats

§ 7 Wahlberechtigung. Wahlberechtigt sind alle Arbeitnehmer, die das 18. Lebensjahr vollendet haben.

§ 8 Wählbarkeit. (1) Wählbar sind alle Wahlberechtigten, die sechs Monate dem Betrieb angehören oder als in Heimarbeit Beschäftigte in der Hauptsache für den Betrieb gearbeitet haben. Auf diese sechsmonatige Betriebszugehörigkeit werden Zeiten angerechnet, in denen der Arbeitnehmer unmittelbar vorher einem anderen Betrieb desselben Unternehmens oder Konzerns (§ 18 Abs. 1 des Aktiengesetzes) angehört hat. Nicht wählbar ist, wer infolge strafgerichtlicher Verurteilung die Fähigkeit, Rechte aus öffentlichen Wahlen zu erlangen, nicht besitzt.

…

§ 9 Zahl der Betriebsratsmitglieder. Der Betriebsrat besteht in Betrieben mit in der Regel

  5 bis   20 wahlberechtigten Arbeitnehmern aus einer Person,
21 bis   50 wahlberechtigten Arbeitnehmern aus 3 Mitgliedern,
51 wahlberechtigten Arbeitnehmern
    bis 100 Arbeitnehmern aus 5 Mitgliedern,
101 bis 200 Arbeitnehmern aus 7 Mitgliedern,
201 bis 400 Arbeitnehmern aus 9 Mitgliedern,
401 bis 700 Arbeitnehmern aus 11 Mitgliedern,

…

§ 13 Zeitpunkt der Betriebsratswahlen. (1) Die regelmäßigen Betriebsratswahlen finden alle vier Jahre in der Zeit vom 1. März bis 31. Mai statt. Sie sind zeitgleich mit den regelmäßigen Wahlen nach § 5 Abs. 1 des Sprecherausschussgesetzes einzuleiten.

(2) Außerhalb dieser Zeit ist der Betriebsrat zu wählen, wenn

1. mit Ablauf von 24 Monaten, vom Tage der Wahl an gerechnet, die Zahl der regelmäßig beschäftigten Arbeitnehmer um die Hälfte, mindestens aber um fünfzig, gestiegen oder gesunken ist,

…

180. Aufgabe

Prüfen Sie mithilfe der unten stehenden Gesetzestexte, welche Feststellung hinsichtlich der Mitbestimmung im Betriebsrat nach Erhöhung der Beschäftigtenzahl bei der Büromöbel GmbH zutrifft.

1. Es muss kein Aufsichtsrat gebildet werden, weil bei der Büromöbel GmbH weniger als 700 Arbeitnehmer beschäftigt sind.
2. Zur Überwachung des Betriebsrates muss bei mehr als 500 Beschäftigten ein Aufsichtsrat gebildet werden.
3. Es muss ein Aufsichtsrat gebildet werden, der einen Teil der Planungsaufgaben der Geschäftsführung (strategische Planung) übernimmt.
4. Zur Überwachung der Geschäftsführung muss ein Aufsichtsrat gebildet werden, der zu einem Drittel aus Vertretern der Arbeitnehmer besteht.
5. Es muss ein Aufsichtsrat gebildet werden, der zur Hälfte aus Arbeitnehmervertretern besteht und u. a. den Jahresabschluss prüft.

Auszüge aus Gesetzestexten

GmbH-Gesetz

§ 52 Aufsichtsrat
(1) Ist ein Aufsichtsrat zu bestellen, so sind §§ 110 bis 114 des Aktiengesetzes entsprechend anzuwenden.

Aktiengesetz

§ 111 Aufgaben und Rechte des Aufsichtsrats
(1) Der Aufsichtsrat hat die Geschäftsführung zu überwachen.
(2) Der Aufsichtsrat kann die Bücher und Schriften der Gesellschaft sowie die Vermögensgegenstände, namentlich die Gesellschaftskasse und die Bestände an Wertpapieren und Waren, einsehen und prüfen.
(4) Maßnahmen der Geschäftsführung können dem Aufsichtsrat nicht übertragen werden.

Drittelbeteiligungsgesetz von 2004

§ 1 Erfasste Unternehmen
(1) Die Arbeitnehmer haben ein Mitbestimmungsrecht im Aufsichtsrat nach Maßgabe dieses Gesetzes in
   1. einer Aktiengesellschaft mit in der Regel mehr als 500 Arbeitnehmern. (…);
   2. einer Kommanditgesellschaft auf Aktien mit in der Regel mehr als 500 Arbeitnehmern. (…);
   3. einer Gesellschaft mit beschränkter Haftung mit in der Regel mehr als 500 Arbeitnehmern. Die Gesellschaft hat einen Aufsichtsrat zu bilden; (…)

Mitbestimmungsgesetz von 1976

§ 1 Erfasste Unternehmen.
(1) In Unternehmen, die
   1. in der Rechtsform einer Aktiengesellschaft, einer Gesellschaft mit beschränkter Haftung betrieben werden und
   2. in der Regel mehr als 2 000 Arbeitnehmer beschäftigen, haben die Arbeitnehmer ein Mitbestimmungsrecht nach Maßgabe dieses Gesetzes.

§ 6. Grundsatz.
(1) Bei den in § 1 Abs. 1 bezeichneten Unternehmen ist ein Aufsichtsrat zu bilden, so weit sich dies nicht schon aus anderen gesetzlichen Vorschriften ergibt.

§ 7. Zusammensetzung des Aufsichtsrates.
(1) Der Aufsichtsrat eines Unternehmens
   1. mit in der Regel nicht mehr als 10 000 Arbeitnehmern setzt sich zusammen aus je sechs Aufsichtsratmitgliedern der Anteilseigner und der Arbeitnehmer.

4. Steuern

Situation zur 181. bis 189. Aufgabe

Als Teilnehmer/in an einem steuerpolitischen Fortbildungsseminar haben Sie mithilfe der unten stehenden Informationen Fragen zum Bundeshaushalt und zu den Steuereinnahmen zu beantworten.

181. Aufgabe

In folgender Aufstellung über das Einkommen eines Arbeitnehmers ist ein Fehler enthalten. Prüfen Sie, wo der Fehler liegt und tragen Sie die entsprechende Ziffer in das Kästchen ein.

Bruttoarbeitslohn
1. − Werbungskosten bzw. Arbeitnehmerpauschbetrag
    = Einkünfte aus nicht selbstständiger Arbeit
2. + Einkünfte aus anderen Einkunftsarten
    = Summe der Einkünfte
3. + Sonderausgaben
4. − außergewöhnliche Belastungen
    = Einkommen
5. − Freibeträge (z. B. Kinderfreibetrag)
    = zu versteuerndes Einkommen

---

182. Aufgabe

Prüfen Sie, welche Einkünfte <u>nicht</u> der Einkommensteuer unterliegen.

1. Einkünfte aus selbstständiger Arbeit
2. Einkünfte aus Kapitalvermögen
3. Einkünfte aus Vermietung und Verpachtung
4. Einkünfte aus der gesetzlichen Unfallversicherung
5. Einkünfte aus Land und Forstwirtschaft

Abbildung zur 183. und 184. Aufgabe

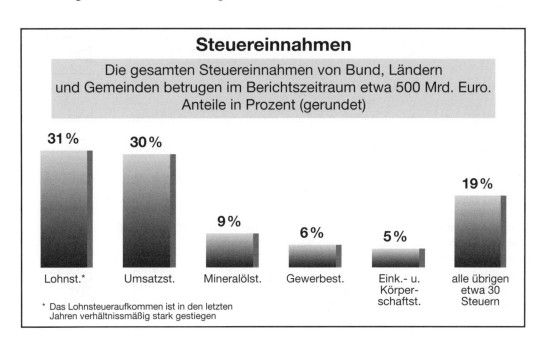

183. Aufgabe

Prüfen Sie, welche Feststellung über die Steuereinnahmen (siehe Abbildung) des Staates zutrifft.

1. 19 % der Steuereinnahmen entfallen auf etwa 6 größere Steuerarten.
2. Die Einnahmen aus der Einkommen- und Körperschaftsteuer machen etwa die Hälfte der Lohnsteuereinnahmen aus.
3. Die Einnahmen aus Einkommen- und Körperschaftsteuer betrugen mehr als 30 Mrd. Euro.
4. Nach der Umsatzsteuer ist die Gewerbesteuer der größte Einnahmeposten für den Staat.
5. Allein die beiden größten Steuerarten erbrachten zusammen mehr als 60 % aller Steuereinnahmen.

184. Aufgabe

Prüfen Sie, welche Erklärung zur Entwicklung des Lohnsteueraufkommens richtig ist.

1. Auch bei relativ geringen nominalen Lohn- und Gehaltssteigerungen erhöht sich das Lohnsteueraufkommen durch den progressiven Steuertarif verhältnismäßig stark.
2. Die Einnahmen aus der Lohnsteuer sind niedriger als die Einnahmen aus der Einkommen- und Körperschaftsteuer.
3. Die Zahl der Beschäftigten hat in den letzten Jahren stark zugenommen. Deshalb ist das Lohnsteueraufkommen überproportional gestiegen.
4. Nur weil es bei den Arbeitnehmern ganz erhebliche reale Lohn- und Gehaltserhöhungen gegeben hat, ist das Lohnsteueraufkommen stark gestiegen.
5. Das Lohnsteueraufkommen ist deswegen so stark gestiegen, weil die Löhne und Gehälter deutlich stärker gestiegen sind als die Gewinne der Unternehmen und Selbstständigen.

185. Aufgabe

Prüfen Sie, welche Steuerart zu den indirekten Steuern zählt.

1. Einkommensteuer
2. Körperschaftsteuer
3. Gewerbesteuer
4. Grundsteuer
5. Umsatzsteuer
6. Erbschaftsteuer

186. Aufgabe

Prüfen Sie, welche Feststellung zum Steuersystem in Deutschland richtig ist.

1. Bei indirekten Steuern wird die Leistungsfähigkeit des einzelnen Steuerzahlers berücksichtigt.
2. Die Kfz-Steuer muss für den Bau von Bundesautobahnen verwendet werden.
3. Der Steuertarif ist proportional aufgebaut.
4. Jeder Käufer einer bestimmten Ware hat unabhängig von seinem Einkommen den gleichen Umsatzsteuerbetrag zu zahlen.
5. Zurzeit gibt es etwa 10 verschiedene Steuerarten in der Bundesrepublik Deutschland.

187. Aufgabe

Welche richtige Erklärung lässt sich aus unten stehender Grafik ableiten?

1. Zwischen den Vergleichsjahren 1 und 12 war die volkswirtschaftliche Steuerquote im 4. Jahr am höchsten.
2. Die Steuerquote gibt den jeweils höchsten Steuersatz im entsprechenden Jahr an.
3. Die höchste Steigerung der volkswirtschaftlichen Steuerquote innerhalb eines Jahres lag zwischen dem 6. und 7. Jahr.
4. Vom 7. bis 11. Jahr ging die volkswirtschaftliche Steuerquote von Jahr zu Jahr zurück.
5. Die volkswirtschaftliche Steuerquote im 12. Jahr liegt nur 0,1 % über der Steuerquote im 2. Jahr.

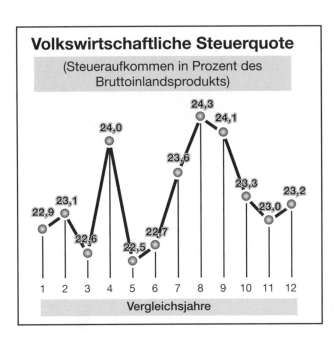

Situation zur 188. und 189. Aufgabe

Sie helfen einem Bekannten bei der Erstellung der Einkommensteuererklärung.

Folgende Angaben liegen vor:
– ledig, keine Kinder
– kirchensteuerpflichtig
– private Zusatzversicherung für Zahnbehandlung 30,00 EUR monatlich
– finanzielle Unterstützung der hilfsbedürftigen Mutter ca. 200,00 EUR
– Fahrt zum Arbeitsplatz 48 km
– Aufwendungen für Fachliteratur 180,00 EUR
– Spende für einen anerkannt gemeinnützigen Verein 150,00 EUR

188. Aufgabe

Prüfen Sie, welche Lohnsteuerklasse für den Bekannten zutrifft.

1. Steuerklasse I
2. Steuerklasse II
3. Steuerklasse III
4. Steuerklasse IV
5. Steuerklasse V

189. Aufgabe

Stellen Sie fest, welche Ausgaben ihr Bekannter als unbeschränkt abzugsfähige Sonderausgaben geltend machen kann.

1. Aufwendungen für Fachliteratur
2. Spende für gemeinnützigen Verein
3. Beitrag zu Zahnzusatzversicherung
4. Aufwendungen für die Unterstützung seiner hilfsbefürftigen Mutter
5. Kirchensteuer
6. Fahrtkosten zum Arbeitsplatz

Situation zur 190. bis 192. Aufgabe

Karin Schneider, eine Mitarbeiterin der Büromöbel GmbH ist seit zwei Monaten verheiratet. Ihr Mann studiert und steht in keinem Arbeitsverhältnis. Sie gehören beide keiner Religionsgemeinschaft an. Sie zahlen Beiträge für einen Bausparvertrag und verschiedene Versicherungsbeiträge (Unfallversicherung, Lebensversicherung, Privathaftpflichtversicherung, Kfz-Haftpflichtversicherung). Außerdem müssen sie Frau Schneiders Mutter regelmäßig finanziell unterstützen.

190. Aufgabe

Nach welcher Lohnsteuerklasse wird die Mitarbeiterin besteuert?

1. Lohnsteuerklasse I
2. Lohnsteuerklasse II
3. Lohnsteuerklasse III
4. Lohnsteuerklasse IV
5. Lohnsteuerklasse V
6. Lohnsteuerklasse VI

191. Aufgabe

Welche Ausgaben kann Karin Schneider als außergewöhnliche Belastungen geltend machen?

1. Beiträge zur Lebensversicherung
2. Beiträge zur Unfallversicherung
3. Beiträge zum Bausparvertrag
4. Beiträge zur privaten Haftpflichtversicherung
5. Regelmäßige Aufwendungen zur Unterstützung der bedürftigen Mutter

192. Aufgabe

Welche Aufwendungen kann die Mitarbeiterin nicht als Sonderausgaben geltend machen?

1. Unfallversicherungsbeiträge
2. Bausparbeiträge
3. Privathaftpflichtversicherungsbeiträge
4. Kfz-Haftpflichtversicherungsbeiträge
5. Gezahlte Kirchensteuer

193. Aufgabe

Was versteht man unter einem Pauschbetrag (Pauschalbetrag) bei den Sonderausgaben?

1. Einen bestimmten Betrag, der vor der Anwendung der Lohnsteuertabelle vom Arbeitslohn abgezogen werden muss
2. Einen Mindestbetrag, der von der zu zahlenden Lohnsteuer abgezogen wird
3. Den Höchstbetrag für Sonderausgaben, der bei der Berechnung der Lohnsteuer vom Arbeitslohn abgezogen werden darf
4. Bestimmte Beträge für Sonderausgaben, die bei jedem Arbeitnehmer lohnsteuerfrei sind und bereits in der Lohnsteuertabelle berücksichtigt werden
5. Alle Ausgaben, die mit der Berufsausübung zusammenhängen

194. Aufgabe

Prüfen Sie, welche Steuerart zu den Verkehrssteuern zählt.

1. Mineralölsteuer
2. Gewerbesteuer
3. Einkommensteuer
4. Umsatzsteuer
5. Tabaksteuer
6. Grundsteuer

195. Aufgabe

Sie unterhalten sich mit Freunden über Möglichkeiten, die Einkommenssteuer zu senken. Dabei werden verschiedene Behauptungen über Sonderausgaben und Werbungskosten aufgestellt.
Prüfen Sie, welche Behauptung zutreffend ist.

1. Als Werbungskosten können nur die im Einkommensteuergesetz ausdrücklich genannten Aufwendungen abgesetzt werden. Höchstbeträge gibt es nicht.
2. Sonderausgaben sind alle Aufwendungen für die Zukunftssicherung, die man dem Finanzamt nachweisen oder glaubhaft machen kann.
3. Die im Einkommensteuergesetz aufgezählten Sonderausgaben können steuerlich in unbegrenzter Höhe geltend gemacht werden, so weit sie den Pauschalbetrag von 36,00 EUR bei Ledigen bzw. 72,00 EUR bei Verheirateten übersteigen.
4. Alle Ausgaben, die mit der Berufsausübung zusammenhängen (Werbungskosten), sind steuerlich abzugsfähig, wenn das Finanzamt ihre Notwendigkeit anerkennt. Sonderausgaben können nur im Rahmen bestimmter Höchstbeträge geltend gemacht werden.
5. Werbungskosten können grundsätzlich in unbegrenzter Höhe geltend gemacht werden. Die Aufzählung im Einkommensteuergesetz ist nur beispielhaft. Bei den Sonderausgaben, die ausdrücklich im Einkommensteuergesetz genannt sein müssen, gibt es beschränkt und unbeschränkt abzugsfähige Ausgaben.

Situation zur 196. Aufgabe

Susanne Müller arbeitet in der Personalabteilung der Behrendt-Werke. Sie verdient monatlich 1.850,00 EUR brutto. Ihr Ehemann hat ein Bruttoeinkommen von 2.560,00 EUR. Beide werden nach Steuerklasse IV versteuert, Freibeträge werden nicht abgezogen. Die Kirchensteuer wird mit 9 % berechnet.

196. Aufgabe

Berechnen Sie mithilfe der Auszüge aus den Lohnsteuertabellen die Kirchensteuer, die beiden zusammen monatlich vom Bruttolohn abgezogen wird und tragen Sie die Summe in die Kästchen ein.

Abzüge an Lohnsteuer, Solidaritätszuschlag und Kirchensteuer

Lohn/Gehalt bis	Steuerklasse	Lohnsteuer	ohne Kinderfreibetrag			0,5			1,0			1,5			2,0			2,5			3,0		
			SolZ	Ki 8%	Ki 9%	SolZ	Ki 8%	Ki 9%	SolZ	Ki 8%	Ki 9%	SolZ	Ki 8%	Ki 9%	SolZ	Ki 8%	Ki 9%	SolZ	Ki 8%	Ki 9%	SolZ	Ki 8%	Ki 9%
1 847,99	I	223,75	12,30	17,90	20,13	8,74	12,72	14,31	3,43	7,85	8,83	–	3,45	3,88	–	–	–	–	–	–	–	–	–
	II	194,16	10,67	15,53	17,47	7,21	10,49	11,80	–	5,77	6,49	–	1,76	1,98	–	–	–	–	–	–	–	–	–
	III	19,50	–	1,56	1,75	–	–	–	–	–	–	–	–	–	–	–	–	–	–	–	–	–	–
	IV	223,75	12,30	17,90	20,13	10,50	15,28	17,19	8,74	12,72	14,31	7,04	10,25	11,53	3,43	7,85	8,83	–	5,55	6,24	–	3,45	3,88
	V	506,16	27,83	40,49	45,55																		
	VI	537,16	29,54	42,97	48,34																		
1 850,99	I	224,58	12,35	17,96	20,21	8,79	12,79	14,39	3,58	7,91	8,90	–	3,50	3,94	–	–	–	–	–	–	–	–	–
	II	195,00	10,72	15,60	17,55	7,25	10,55	11,87	–	5,82	6,55	–	1,80	2,02	–	–	–	–	–	–	–	–	–
	III	19,83	–	1,58	1,78	–	–	–	–	–	–	–	–	–	–	–	–	–	–	–	–	–	–
	IV	224,58	12,35	17,96	20,21	10,54	15,34	17,25	8,79	12,79	14,39	7,09	10,31	11,60	3,58	7,91	8,90	–	5,60	6,30	–	3,50	3,94
	V	507,33	27,90	40,58	45,65																		
	VI	538,33	29,60	43,06	48,44																		
1 853,99	I	225,41	12,39	18,03	20,28	8,83	12,85	14,45	3,73	7,97	8,96	–	3,55	3,99	–	–	–	–	–	–	–	–	–
	II	195,83	10,77	15,66	17,62	7,30	10,62	11,94	–	5,88	6,61	–	1,84	2,07	–	–	–	–	–	–	–	–	–
	III	20,33	–	1,62	1,82	–	–	–	–	–	–	–	–	–	–	–	–	–	–	–	–	–	–
	IV	225,41	12,39	18,03	20,28	10,59	15,40	17,33	8,83	12,85	14,45	7,13	10,37	11,66	3,73	7,97	8,96	–	5,66	6,36	–	3,55	3,99
	V	508,50	27,96	40,68	45,76																		
	VI	539,50	29,67	43,16	48,55																		
2 558,99	I	435,41	23,94	34,83	39,18	19,78	28,78	32,37	15,83	23,02	25,90	12,08	17,57	19,76	8,53	12,42	13,97	2,70	7,56	8,50	–	3,21	3,61
	II	400,83	22,04	32,06	36,07	17,98	26,15	29,42	14,11	20,53	23,09	10,45	15,21	17,11	7,00	10,19	11,46	–	5,50	6,18	–	1,54	1,73
	III	153,83	–	12,30	13,84	–	8,00	9,00	–	4,13	4,64	–	0,70	0,79	–	–	–	–	–	–	–	–	–
	IV	435,41	23,94	34,83	39,18	21,83	31,76	35,73	19,78	28,78	32,37	17,78	25,86	29,09	15,83	23,02	25,90	13,92	20,26	22,79	12,08	17,57	19,76
	V	815,75	44,86	65,26	73,41																		
	VI	850,25	46,76	68,02	76,52																		
2 561,99	I	436,33	23,99	34,90	39,26	19,83	28,85	32,45	15,87	23,09	25,97	12,12	17,64	19,84	8,58	12,48	14,04	2,85	7,62	8,57	–	3,26	3,66
	II	401,75	22,09	32,14	36,15	18,02	26,22	29,49	14,16	20,60	23,17	10,50	15,28	17,19	7,04	10,25	11,53	–	5,55	6,24	–	1,58	1,77
	III	154,50	–	12,36	13,90	–	8,04	9,04	–	4,17	4,69	–	0,74	0,83	–	–	–	–	–	–	–	–	–
	IV	436,33	23,99	34,90	39,26	21,89	31,84	35,82	19,83	28,85	32,45	17,82	25,93	29,17	15,87	23,09	25,97	13,97	20,32	22,86	12,12	17,64	19,84
	V	817,08	44,93	65,36	73,53																		
	VI	851,58	46,83	68,12	76,64																		
2 564,99	I	437,33	24,05	34,98	39,35	19,88	28,92	32,54	15,92	23,16	26,06	12,17	17,70	19,91	8,62	12,54	14,10	3,00	7,68	8,64	–	3,30	3,71
	II	402,75	22,15	32,22	36,24	18,07	26,29	29,57	14,20	20,66	23,24	10,54	15,34	17,25	7,09	10,31	11,60	–	5,60	6,30	–	1,62	1,82
	III	155,33	–	12,42	13,97	–	8,09	9,10	–	4,21	4,73	–	0,78	0,88	–	–	–	–	–	–	–	–	–
	IV	437,33	24,05	34,98	39,35	21,94	31,92	35,91	19,88	28,92	32,54	17,87	26,00	29,25	15,92	23,16	26,06	14,02	20,40	22,95	12,17	17,70	19,91
	V	818,50	45,01	65,48	73,66																		
	VI	853,00	46,91	68,24	76,77																		

Komma
EUR ↓ Ct.

197. Aufgabe

Prüfen Sie, in welcher Zeile alle Aufwendungen hinsichtlich der Geltendmachung bei der Einkommensteuererklärung richtig zugeordnet sind und tragen Sie die entsprechende Kennziffer in das Kästchen ein.

	Werbungskosten bei Einkünften aus nicht selbstständiger Arbeit	Beschränkt abzugsfähige Sonderausgaben als Vorsorgeaufwendungen	Andere Sonderausgaben
1.	Fahrtkosten zur Arbeitsstätte (Entfernungspauschale)	Beiträge für Berufsverbände	Spende für Rotes Kreuz
2.	Parteispende	Arbeitnehmeranteil am Sozialversicherungsbeitrag	Kirchensteuer
3.	Aufwendungen für Fachmessebesuch	Aufwendungen für Berufskleidung	Aufwendungen für doppelte Haushaltsführung
4.	Aufwendungen für Bewerbungen	private Zusatzkrankenversicherung	Weiterbildungskosten in einem nicht ausgeübten Beruf
5.	Aufwendungen für doppelte Haushaltsführung	private Unfallversicherung	Lebensversicherung

198. Aufgabe

Prüfen Sie, in welcher Zeile die Aufwendungen hinsichtlich der Geltendmachung bei der Einkommensteuererklärung richtig zugeordnet sind und tragen Sie die entsprechende Kennziffer in das Kästchen ein.

Außergewöhnliche Belastungen allgemeiner Art (abzüglich zumutbarer Eigenbelastung)	Nicht abzugsfähige Aufwendungen
1. Zinsen für Darlehen zur Wohnungseinrichtung	Abonnement für Illustrierte
2. Wiederbeschaffung von Hausrat nach Überschwemmung	Pflegekosten für Angehörige
3. Krankheitsbedingte Kurkosten	Abonnement für Tageszeitung
4. Steuerberatungskosten	Kosten für Haushaltshilfe
5. Abonnement für Zeitschrift	Zinsen für Darlehen zur Wohnungseinrichtung

▶ ☐

Situation zur 199. und 200. Aufgabe

Nach Zusammenstellung seiner Unterlagen für die Einkommensteuererklärung sollen Sie einem Freund helfen und das zu versteuernde Einkommen und die zu zahlende Einkommensteuer berechnen. Der Freund ist ledig.

Folgende Beträge und Angaben sind zu berücksichtigen:

Einnahmen aus nicht selbstständiger Arbeit	43.500,00 EUR
Abziehbare Werbungskosten	2.660,00 EUR
Steuerpflichtige Einkünfte aus Kapitalvermögen	6.500,00 EUR
Abziehbare Sonderausgaben	4.500,00 EUR

199. Aufgabe

Berechnen Sie das zu versteuernde Einkommen und tragen Sie den Betrag in das Kästchen ein.

EUR ☐

---

200. Aufgabe

Stellen Sie die tarifliche Jahres-Einkommensteuer (ohne Solidaritätszuschlag) aufgrund der Auszüge aus den Einkommensteuertarifen fest und tragen Sie die zu zahlende Einkommensteuer in das Kästchen ein.

EUR ☐

Grundtarif		Splittingtarif	
Zu versteuerndes Einkommen in EUR	Tarifliche Einkommensteuer in EUR	Zu versteuerndes Einkommen in EUR	Tarifliche Einkommensteuer in EUR
42.672,00	10.596,00	42.504,00	6.510,00
42.700,00	10.607,00	42.560,00	6.526,00
42.728,00	10.618,00	42.616,00	6.544,00
42.756,00	10.629,00	42.672,00	6.560,00
42.784,00	10.641,00	42.728,00	6.576,00
42.812,00	10.652,00	42.784,00	6.592,00
42.840,00	10.663,00	42.840,00	6.608,00
42.868,00	10.674,00	42.896,00	6.624,00
42.896,00	10.685,00	42.952,00	6.640,00
42.924,00	10.697,00	43.008,00	6.656,00

5. Markt und Preis/Wirtschaftsordnung

Situation zur 201. bis 206. Aufgabe

Die Büromöbel GmbH verstärkt ihren Markteinfluss durch den Zusammenschluss mit anderen Büromöbelherstellern mit Erfolg. Es werden auch gemeinsame Werbemaßnahmen durchgeführt.

201. Aufgabe

Welchen Einfluss auf die Preisgestaltung hat die stärkere Marktstellung bei der Büromöbel GmbH?

1. Sie kann jetzt jeden beliebigen Preis verlangen.
2. Es ist ihr jetzt möglich, den Preis zu verlangen, bei dem sie den größten Gewinn erzielt.
3. Sie kann nur den vom zuständigen Fachverband empfohlenen Preis verlangen.
4. Sie kann nur den „Gleichgewichtspreis" verlangen, der sich bei vollkommener Konkurrenz bildet.
5. Sie braucht bei der Preisfestsetzung jetzt weniger Rücksicht auf die Konkurrenz zu nehmen als seither.

202. Aufgabe

In welchem Fall kann die Büromöbel GmbH am ehesten Preiserhöhungen durchsetzen?

1. Die Zinsen für Privatkredite steigen.
2. Die Konkurrenz senkt die Preise.
3. Es kommen neue Anbieter auf den Markt.
4. Die Nachfrage nach Büromöbeln steigt unter sonst gleichen Marktbedingungen.
5. Ausländische Unternehmen kaufen deutsche Büromöbelhersteller auf.

203. Aufgabe

Durch welche Maßnahme kann die Nachfrage nach Büromöbeln evtl. sinken, wenn alle sonstigen Bedingungen gleich bleiben?

1. Erhöhung der Umsatzsteuer
2. Senkung der Preise
3. Senkung der Zinsen für Dispositions- und Kontokorrentkredite
4. Erhöhung der Zuschüsse für Existenzgründungen
5. Erhöhung des Kindergeldes

Abbildung zur 204. bis 206. Aufgabe

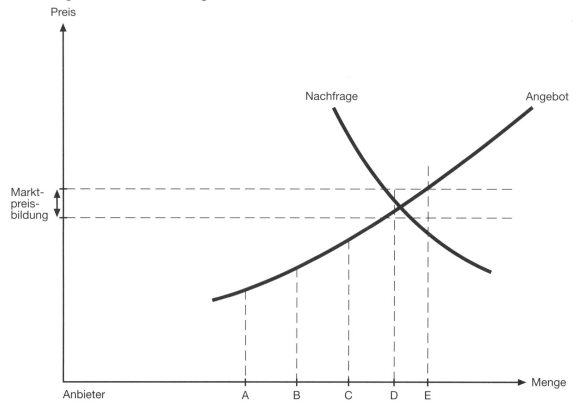

204. Aufgabe

Einige Zeit nach dem Zusammenschluss bewegen sich die Marktpreise im Rahmen der in der Grafik angegebenen Schwankungsbreite mit eher fallender Tendenz.
Welche Anbieter müssen ihre Preise unter sonst gleichen Bedingungen voraussichtlich senken, wenn sie nicht vom Markt verdrängt werden wollen?

1. Anbieter A und B
2. Anbieter A, B und C
3. Anbieter C und D
4. Anbieter D und E
5. Anbieter C, D und E

205. Aufgabe

Die Gemeinschaftswerbung der Büromöbelhersteller ist sehr erfolgreich.
Wie wirkt sich dies auf das Modell von Angebot und Nachfrage unter sonst gleichen Bedingungen aus?

1. Die Angebotskurve verschiebt sich nach rechts.
2. Die Angebotskurve verschiebt sich nach links.
3. Die Nachfragekurve verschiebt sich nach rechts.
4. Die Nachfragekurve verschiebt sich nach links.
5. Angebots- und Nachfragekurve bleiben unverändert.

206. Aufgabe

Sonderabschreibungsmöglichkeiten und Investitionszulagen bei potenziellen Kunden der Büromöbel GmbH werden gestrichen.
Wie wirkt sich das aus der Sicht der Büromöbel GmbH unter sonst gleichen Bedingungen voraussichtlich auf das Modell von Angebot und Nachfrage aus?

1. Die Angebotskurve verschiebt sich nach rechts.
2. Die Angebotskurve verschiebt sich nach links.
3. Die Nachfragekurve verschiebt sich nach rechts.
4. Die Nachfragekurve verschiebt sich nach links.
5. Angebots- und Nachfragekurve bleiben unverändert.

Situation zur 207. und 208. Aufgabe

Die voraussichtliche Angebotssituation auf dem Markt für Unterhaltungselektronik ist in unten stehender Abbildung dargestellt. Es steht ein Messetermin bevor.

Die Nachfragesituation ändert sich von N 1 nach N 2.

Abbildung zur 207. und 208. Aufgabe

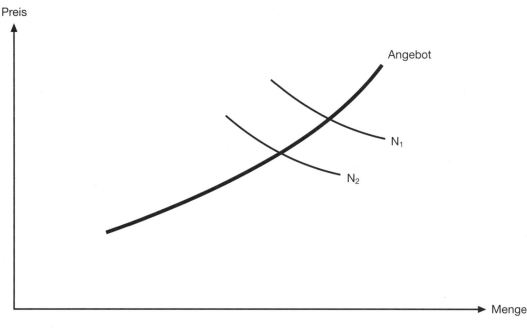

207. Aufgabe

Welche Feststellung über die Veränderung ist bei Annahme eines vollkommenen Marktes unter sonst gleichen Bedingungen zutreffend?

1. Das Preisniveau hat sich erhöht.
2. Die abgesetzte Menge hat sich nicht verändert.
3. Das Preisniveau ist gleich geblieben.
4. Die abgesetzte Menge und die Preise sind zurückgegangen.
5. Die abgesetzte Menge hat sich erhöht.

208. Aufgabe

Welcher Grund hat bei der Nachfrageveränderung eine wesentliche Rolle gespielt?

1. Neue attraktive Modelle kommen zur niedrigeren Preisen auf den Markt.
2. Die Preise auf dem Unterhaltungselektronikmarkt werden erhöht.
3. Die Umsatzsteuer wurde erhöht.
4. Auslaufende Modelle werden wegen der bevorstehenden Messe günstiger angeboten.
5. Das Angebot ist deutlich gestiegen.
6. Die Sparquote der privaten Haushalte ist zurückgegangen.

Situation zur 209. und 210. Aufgabe

Die voraussichtliche Nachfrageentwicklung auf dem Motorradmarkt ist in unten stehender Abbildung dargestellt. Die Angebotssituation ändert sich von A 1 nach A 2.

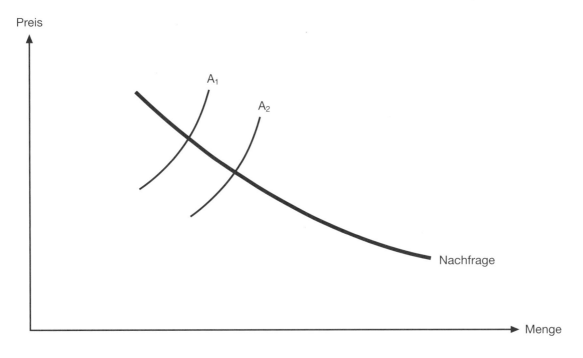

209. Aufgabe

Welche Feststellung über die Veränderung ist bei Annahme eines vollkommenen Marktes und unter sonst gleichen Bedingungen zutreffend?

1. Das Preisniveau hat sich nicht verändert.
2. Die abgesetzte Menge ist gleichgeblieben.
3. Das Preisniveau ist gestiegen.
4. Die abgesetzte Menge hat sich verringert.
5. Das Preisniveau ist zurückgegangen.

210. Aufgabe

Welcher Grund hat bei der Angebotsveränderung eine wesentliche Rolle gespielt?

1. Die Umsatzsteuer wurde erhöht.
2. Die Sparquote der privaten Haushalte ist zurückgegangen.
3. Durch stark gestiegene Nachfrage haben sich die Lieferzeiten verlängert.
4. Das Angebot durch preisgünstigere ausländische Konkurrenz hat sich erheblich erhöht.
5. Die Banken haben die Kreditzinsen erhöht.
6. Die Nachfrage ist jahreszeitlich bedingt stark zurückgegangen.

---

211. Aufgabe

Durch welche Veränderungen steigt die Nachfrage auf dem Markt der Bekleidungsindustrie unter sonst unveränderten Bedingungen?

1. Importbeschränkungen für Einfuhren aus asiatischen Ländern
2. Allgemeine Senkung der Steuersätze und der Sozialversicherungsbeiträge und Senkung der Sparquote der privaten Haushalte
3. Erhöhung der Rohstoffkosten
4. Rückgang der Auftragseingänge
5. Wegfall von Abschreibungsmöglichkeiten
6. Steuererhöhungen für gewerbliche Einkünfte

---

212. Aufgabe

Welche Veränderung wirkt sich auf dem Markt für Industrieroboter bei sonst unveränderten Einflussfaktoren angebotsvermindernd aus?

1. Durch Rationalisierungsmaßnahmen sinken die Stückkosten.
2. Die Auftragseingänge haben zugenommen.
3. Die Lohnabschlüsse lagen unter dem Produktivitätsfortschritt.
4. Reinvestierte Gewinne werden günstiger besteuert.
5. Die Absatzchancen auf den asiatischen Märkten verschlechtern sich.
6. Die Abschreibungsmöglichkeiten für Investitionsgüter wurden verbessert.

---

213. Aufgabe

Durch welche Veränderung sinkt die Nachfrage privater Haushalte nach Mobiltelefonen unter sonst gleichen Marktbedingungen?

1. Die Sparquote der privaten Haushalte geht zurück.
2. Es werden leistungsstärkere Mobiltelefone zum gleichen Preis angeboten.
3. Die Mehrwertsteuer wird erhöht.
4. Die Einkommensteuer (Lohnsteuer) wird gesenkt.
5. Die Zinsen für Dispositionskredite werden gesenkt.

---

214. Aufgabe

Durch welche Veränderung steigt die Nachfrage privater Haushalte nach Faxgeräten unter sonst gleichen Marktbedingungen?

1. Technisch verbesserte Geräte werden zu deutlich höheren Preisen angeboten.
2. Asiatische Hersteller starten eine Exportoffensive zu deutlich ermäßigten Preisen.
3. Die Mehrwertsteuer wird erhöht.
4. Die Sparquote der privaten Haushalte steigt.
5. Die Zinsen für Dispositionskredite werden erhöht.

---

215. Aufgabe

Welche Veränderung kann sich auf dem Markt für Mittelklasse-Pkw unter sonst gleichen Marktbedingungen nachfragevermindernd auswirken?

1. Abschaffung der Kfz-Steuer
2. Exportoffensive asiatischer Hersteller mit niedrigeren Preisen
3. Senkung der Einkommensteuer (Lohnsteuer)
4. Erhöhung der Mineralölsteuer
5. Angebot technisch verbesserter Fahrzeuge mit niedrigerem Benzinverbrauch zum gleichen Preis

216. Aufgabe

Welche Veränderung wirkt sich auf dem Markt für Oberklassen-Fahrzeuge einer „Nobelmarke" unter sonst gleichen Marktbedingungen nachfragesteigernd aus?

1. Ein neues Modell mit wesentlichen technischen Verbesserungen wird angeboten (Markteinführung).
2. Die Umsatzsteuer wird erhöht.
3. Die Umsatzsteuer wird gesenkt.
4. Die Mineralölsteuer wird erhöht.
5. Auslaufende Oberklassenmodelle werden preisgünstiger als die bereits vorgestellten neuen Modelle angeboten.

217. Aufgabe

In der Abbildung ist die voraussichtliche Angebots- und Nachfrageentwicklung auf dem Markt für Büromöbel dargestellt.
Prüfen Sie, bei welchem Preisniveau (P) Büromöbel verkauft werden und die angebotene Menge größer ist als die nachgefragte Menge.

1. Preisniveau 5
2. Preisniveau 4
3. Preisniveau 3
4. Preisniveau 2
5. Preisniveau 1

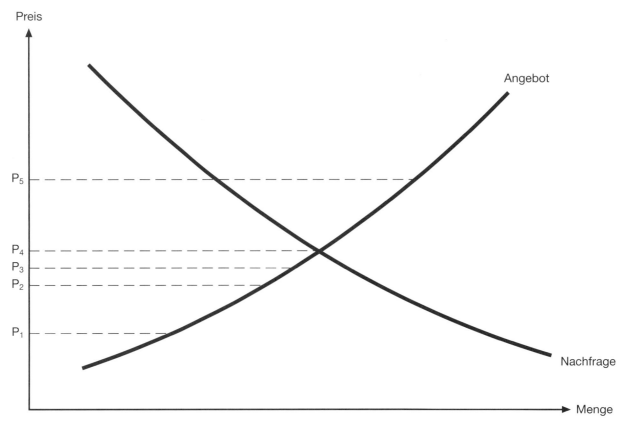

Situation zur 218. bis 223. Aufgabe

Zum besseren Verständnis für die Preisbildung in der realen Wirtschaft ist das Modell der Marktpreisbildung bei vollständigem Wettbewerb dargestellt (siehe Abbildung). Vielen Nachfragern nach einem Produkt stehen viele Anbieter eines Produktes gegenüber.

Tendenziell entspricht dieses Modell auch der Preisbildung auf vielen Märkten.

In den folgenden Aufgaben geht es um die Bedeutungen in der Grafik und Zusammenhänge zwischen Angebots- und Nachfragefunktion.

Abbildung zur 218. bis 223. Aufgabe

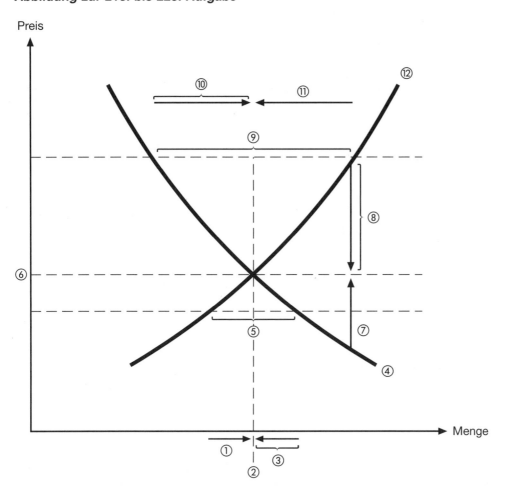

218. Aufgabe

Prüfen Sie, welche richtige Erklärung für die Ziffer 9 in der Grafik zutrifft.

1. Nachfrageüberhang (Verkäufermarkt)
2. Angebotssteigerung
3. Angebotsüberhang (Käufermarkt)
4. Angebotsrückgang
5. Nachfragerückgang

219. Aufgabe

Prüfen Sie, welche richtige Erklärung für die Ziffer 8 in der Grafik zutrifft.

1. Angebotsüberhang
2. Preissteigerung
3. Nachfragesteigerung
4. Preisrückgang
5. Angebotssteigerung

220. Aufgabe

Prüfen Sie, welche richtige Erklärung für die Ziffer 3 in der Grafik zutrifft.

1. Nachfragerückgang
2. Preisrückgang
3. Preissteigerung
4. Nachfrageüberhang
5. Angebotsrückgang

221. Aufgabe

Prüfen Sie, welche richtige Erklärung für die Ziffer 4 in der Grafik zutrifft.

1. Angebotsüberhang
2. Angebotskurve
3. Nachfrageüberhang
4. Nachfragekurve
5. Gleichgewichtsmenge

222. Aufgabe

Prüfen Sie, welche richtige Erklärung für die Ziffer 2 in der Grafik zutrifft.

1. Nachfrageüberhang
2. Gleichgewichtspreis
3. Angebotskurve
4. Nachfragerückgang
5. Gleichgewichtsmenge

223. Aufgabe

Prüfen Sie, welche richtige Erklärung für die Ziffer 10 in der Grafik zutrifft.

1. Preisrückgang
2. Nachfragesteigerung
3. Angebotssteigerung
4. Preissteigerung
5. Nachfragerückgang

224. Aufgabe

Wie wirkt sich eine Preissteigerung auf das Modell von Angebot und Nachfrage in einer freien Marktwirtschaft aus?

1. Das Angebot steigt, die Nachfrage steigt im gleichen Maße.
2. Das Angebot steigt, die Nachfrage steigt erheblich stärker.
3. Die Nachfrage steigt, das Angebot bleibt gleich.
4. Die Nachfrage sinkt, das Angebot sinkt erheblich stärker.
5. Das Angebot steigt, die Nachfrage sinkt.

225. Aufgabe

Welche Funktion hat der Preis in der Marktwirtschaft bei vollständiger Konkurrenz?

1. Er gibt den objektiven Wert eines Gutes an.
2. Er lenkt die Nachfrage zu den qualitativ besten Produkten.
3. Er sorgt für den Ausgleich zwischen Angebot und Nachfrage.
4. Er ist der Ausgleich für die Kosten, die bei der Herstellung eines Gutes entstehen.
5. Er gibt die Marktstellung eines Anbieters an.

226. Aufgabe

Bei welcher Veränderung von Angebot und Nachfrage im Modell der vollständigen Konkurrenz sinken die Preise?

1. Das Angebot steigt, die Nachfrage steigt erheblich stärker.
2. Die Nachfrage steigt, das Angebot bleibt gleich.
3. Das Angebot steigt, die Nachfrage steigt in gleichem Maße.
4. Das Angebot steigt, die Nachfrage bleibt gleich.
5. Die Nachfrage sinkt, das Angebot sinkt erheblich stärker.
6. Die Nachfrage steigt sehr stark, das Angebot steigt nur geringfügig.

▶ ☐

---

227. Aufgabe

Prüfen Sie, welche Feststellung über den Gleichgewichtspreis bei vollkommenem Wettbewerb zutrifft.

1. Der Gleichgewichtspreis steigt, wenn das Angebot bei unveränderter Nachfrage steigt.
2. Der Gleichgewichtspreis sinkt, wenn die Nachfrage bei unverändertem Angebot steigt.
3. Der Gleichgewichtspreis steigt, wenn die Nachfrage bei unverändertem Angebot sinkt.
4. Der Gleichgewichtspreis sinkt, wenn das Angebot bei unveränderter Nachfrage sinkt.
5. Der Gleichgewichtspreis steigt, wenn das Angebot sinkt und die Nachfrage steigt.
6. Der Gleichgewichtspreis sinkt, wenn das Angebot sinkt und die Nachfrage steigt.

▶ ☐

---

228. Aufgabe

Ordnen Sie zu, indem Sie die Kennziffern von **2** der 6 wirtschaftlichen Tatbestände in die Kästchen bei den voraussichtlichen Preistendenzen für die jeweiligen Produkte eintragen.

Alle anderen Einflussfaktoren auf die Preisentwicklung bleiben unverändert.

Wirtschaftliche Tatbestände

1. Die Preisbindung für Bücher wurde aufgehoben.
2. Zollsätze für Tabakwaren wurden gesenkt.
3. In der Vorweihnachtszeit steigt das Angebot an Nüssen und Gewürzen; die Nachfrage nimmt in gleichem Maße zu.
4. Die Hersteller von Stahl erhöhen das Angebot, obwohl einige Abnehmerfirmen Konkurs beantragt haben.
5. Das Importkontingent für Bananen wurde gesenkt.
6. Nach den Osterfeiertagen werden noch entsprechende Süßigkeiten (Eier, Hasen) angeboten.

Preistendenzen

steigend ☐

gleichbleibend ☐

Situation zur 229. bis 232. Aufgabe

Aufgrund einer Analyse des Haushaltsgerätemarktes werden für ein Haushaltsgerät folgende Daten ermittelt (vereinfachte Zahlen):

Bei einem Preis von … EUR/Stück	… werden nachgefragt in Tsd. Stück	… werden angeboten in Tsd. Stück
20	1 000	600
25	900	780
28	800	800
34	750	850
38	700	880

---

229. Aufgabe

Berechnen Sie das Umsatzvolumen beim Gleichgewichtspreis in Millionen EUR und tragen Sie das Ergebnis in das Kästchen ein (Zahl auf ganze Million abrunden).

Mio. EUR
☐

---

230. Aufgabe

Welcher Nachfrageüberhang ergibt sich bei einem Preis von 25 EUR/Stück (in Tsd. Stück)?

Tragen Sie das Ergebnis in das Kästchen ein.

Tsd. Stück
☐

231. Aufgabe

Welcher Angebotsüberhang ergibt sich bei einem Preis von 38,00 EUR/Stück (in Tsd. Stück)?

Tragen Sie das Ergebnis in das Kästchen ein.

Tsd. Stück

232. Aufgabe

Welche Nachfragelücke ergibt sich bei einem Preis von 34 EUR/Stück (in Tsd. Stück)?

Tragen Sie das Ergebnis in das Kästchen ein.

Tsd. Stück

233. Aufgabe

Der Preis hat in einer Marktwirtschaft mit vollkommenem Wettbewerb verschiedene Funktionen.

Ordnen Sie zu, indem Sie die Kennziffern von **2** der insgesamt 5 Beschreibungen von Marktsituationen in die Kästchen bei den Preisfunktionen eintragen.

Marktsituationen

1. Auf einem Markt ist bei einem bestimmten Preis die Nachfrage größer als das Angebot. Der Preis steigt. Es kommen Anbieter hinzu. Der Preis stabilisiert sich, wenn Angebot und Nachfrage etwa gleich groß sind.
2. Nachfrager, die nicht bereit sind, den Marktpreis zu zahlen, kommen auf dem Markt nicht zum Zuge. Anbieter, die wegen überhöhter Kosten zu hohe Preise verlangen, werden vom Markt verdrängt.
3. Unternehmen planen für den Markt unter dem Gesichtspunkt der Gewinnmaximierung. Sie produzieren Güter, für die ein möglichst hoher Preis zu erzielen ist.
4. Der Marktpreis spiegelt die Knappheitsverhältnisse der Güter wider. Weniger knappe Güter sind billiger als knappe Güter. Der Preis gibt Orientierungshilfen für Anbieter und Nachfrager.
5. Auf einem Markt ist bei einem bestimmten Preis das Angebot größer als die Nachfrage. Der Preis sinkt. Zu dem niedrigeren Preis wird mehr nachgefragt und weniger angeboten. Der Preis stabilisiert sich, wenn Angebot und Nachfrage annähernd ausgeglichen sind.

Preisfunktion

Lenkungsfunktion ☐

Signalfunktion ☐

234. Aufgabe

Für die Marktsituation und das zu erwartende Marktverhalten ist die Zahl der Marktteilnehmer entscheidend. Danach unterscheidet man verschiedene Marktformen.
Prüfen Sie, in welcher Zeile die Beschreibungen der Marktformen nach der Zahl der Marktteilnehmer bei den verschiedenen Formen des Oligopols richtig zugeordnet sind und tragen Sie diese Kennziffer in das Kästchen ein.

	Angebotsoligopol	Nachfrageoligopol	Zweiseitiges Oligopol
1.	Viele Anbieter und viele Nachfrager	Viele Anbieter und wenige Nachfrager	Ein Anbieter und ein Nachfrager
2.	Viele Nachfrager und wenige Anbieter	Wenige Anbieter und viele Nachfrager	Wenige Nachfrager und wenige Anbieter
3.	Ein Anbieter und wenige Nachfrager	Viele Nachfrager und viele Anbieter	Viele Anbieter und viele Nachfrager
4.	Wenige Anbieter und viele Nachfrager	Wenige Nachfrager und viele Anbieter	Wenige Anbieter und wenige Nachfrager
5.	Wenige Nachfrager und viele Anbieter	Ein Nachfrager und wenige Anbieter	Ein Nachfrager und ein Anbieter

▶ ☐

235. Aufgabe

Prüfen Sie, in welcher Zeile die Beschreibungen der Marktformen nach der Zahl der Marktteilnehmer bei den verschiedenen Formen des Monopols richtig zugeordnet sind und tragen Sie diese Kennziffer in das Kästchen ein.

Nachfragemonopol	Angebotsmonopol	Zweiseitiges Monopol
1. Viele Anbieter und ein Nachfrager	Wenige Nachfrager und wenige Anbieter	Ein Nachfrager und ein Anbieter
2. Ein Nachfrager und ein Anbieter	Viele Nachfrager und ein Anbieter	Wenige Nachfrager und wenige Anbieter
3. Ein Nachfrager und viele Anbieter	Ein Anbieter und viele Nachfrager	Ein Anbieter und ein Nachfrager
4. Wenige Nachfrager und wenige Anbieter	Viele Nachfrager und ein Anbieter	Ein Anbieter und wenige Nachfrager
5. Ein Nachfrager und viele Anbieter	Ein Anbieter und ein Nachfrager	Ein Nachfrager und wenige Anbieter

▶ ☐

236. Aufgabe

Je nach Zahl der Anbieter und Nachfrager, die sich auf einem Markt begegnen, unterscheidet man verschiedene Marktformen.

Ordnen Sie zu, indem Sie die Kennziffern von **3** der insgesamt 7 Beispiele für Marktsituationen in die Kästchen bei den Marktformen eintragen.

Marktsituationen

1. Auf zahlreichen Wochenmärkten und in Verbrauchermärkten wird Obst und Gemüse angeboten.
2. Wenige Zuckerfabriken kaufen von Bauern die ganze Zuckerrüben-ernte.
3. Die Deutsche Bahn AG kauft spezielle Lokomotiven und Triebwa-gen für Gütertransporte.
4. Wenige große Fahrzeughersteller bieten Pkw in der Mittelklasse an.
5. Zahlreiche Klein-, Mittel- und Großbetriebe der Textilbranche stellen ein vielfältiges Angebot von Damen-Oberbekleidung für Kaufhäuser, Verbrauchermärkte und Fachgeschäfte her.
6. Eine Vertragstankstelle bezieht ihre Kraftstoffe von einem Mineralölkonzern.
7. In einem ländlichen Bezirk gibt es nur eine Molkerei, die Milch von den Bauern aufkauft.

Marktformen

Angebotsoligopol ☐

Nachfrageoligopol ☐

Nachfragemonopol ☐

237. Aufgabe

Ordnen Sie zu, indem Sie die Kennziffern von **3** der insgesamt 7 Marktformen in die Kästchen bei den Beispielen für Marktsituationen eintragen.

Marktformen

1. Angebotsoligopol
2. Angebotsmonopol
3. Nachfrageoligopol
4. Zweiseitiges Monopol
5. Zweiseitiges Oligopol
6. Nachfragemonopol
7. Polypol

Marktsituationen

Fluggesellschaften kaufen Passagierflugzeuge. ☐

Die Deutsche Post AG befördert Standardbriefe. ☐

Zahlreiche Hersteller von Büroartikeln beliefern Kaufhäuser und Fachgeschäfte. ☐

238. Aufgabe

Aus einer Marktanalyse über Büromöbel auf dem europäischen Markt geht hervor, dass sich auf dem entsprechenden Markt viele Anbieter und viele Nachfrager gegenüberstehen.
Welche Marktform liegt vor?

1. Oligopol
2. Angebotsoligopol bei Nachfragepolypol
3. Polypol
4. Nachfrageoligopol bei Angebotspolypol
5. Zweiseitiges Monopol

---

239. Aufgabe

Ein Maschinenbaukonzern stellt Spezialbohrmaschinen für den Tunnelbau unter Wasser her.
Der Konzern ist der einzige Anbieter für Spezialbohrmaschinen in dieser Größe und Ausführung.
Welche Marktform liegt vor?

1. Nachfragemonopol
2. Beschränktes Nachfragemonopol
3. Angebotsmonopol
4. Beschränktes Angebotsmonopol
5. Zweiseitiges Monopol

---

240. Aufgabe

In welchem Fall handelt es sich um das Marktgeschehen auf einem weitgehend vollkommenen Markt?

1. Sonderangebote in einem Getränkemarkt
2. Angebote eines regional tätigen Büromöbelherstellers
3. Last-Minute-Angebot in einem Reisebüro
4. Wertpapierhandel im Börsensaal
5. Ausstellung des Herstellers einer Spezialmaschine auf einer regionalen Industriemesse

---

241. Aufgabe

Prüfen Sie, in welcher Zeile die Beschreibungen eines vollkommenen Marktes und eines unvollkommenen Marktes richtig zugeordnet sind und tragen Sie diese Kennziffer in das Kästchen ein.

	Vollkommener Markt	Unvollkommener Markt
1.	Es werden gleichartige Güter von gleicher Qualität angeboten (Homogenität).	Alle Marktteilnehmer haben eine vollständige Marktübersicht (Markttransparenz).
2.	Käufer haben Präferenzen wegen langjähriger guter Geschäftsbeziehungen.	Käufer bevorzugen die in der Nähe liegenden Anbieter.
3.	Käufer haben für bestimmte Produkte Präferenzen wegen der attraktiven Verpackung und der interessanten Werbung.	Käufer und Verkäufer reagieren sofort auf Marktveränderungen.
4.	Alle Marktteilnehmer haben eine vollständige Marktübersicht (Markttransparenz).	Käufer haben aus verschiedenen Gründen Präferenzen.
5.	Der Markt ist für viele Käufer nicht überschaubar.	Es gibt weder bei den Anbietern noch bei den Nachfragern Präferenzen.
6.	Zwei Anbieter können aufgrund ihrer starken Marktposition die Preisbildung beeinflussen.	Es werden qualitativ unterschiedliche Güter in unterschiedlicher Ausstattung angeboten.

Markt u. Preis/Wirtschaftsordnung

242. Aufgabe

In welchem Fall entspricht die Marktsituation einem Käufermarkt?

1. Die Nachfrage nach Einfamilienhäusern in Stadtrandlage kann nicht befriedigt werden.
2. Die Gebrauchtwagenhändler können ihre Wagen zu den von ihnen geforderten Preisen nicht verkaufen.
3. Die Eintrittskarten für die Fußball-Weltmeisterschaft wurden den Schwarzhändlern aus den Händen gerissen.
4. Ein Sonderangebot im Supermarkt findet reißenden Absatz.
5. Die Flugreisen nach den Kanarischen Inseln sind ausgebucht.

243. Aufgabe

In welchem Fall entspricht die Marktsituation einem Verkäufermarkt?

1. Ein auslaufendes Pkw-Modell ist nur noch schwer zu verkaufen.
2. Zahlreiche Büroflächen können wegen der Konjunkturlage nicht vermietet werden.
3. Wegen des kühlen und regnerischen Sommerwetters gibt es zahlreiche Sonderangebote für Sommerbekleidung.
4. Durch zunehmende Importe übersteigt das Südfrüchteangebot die Nachfrage.
5. Trotz gestiegener Preise verlängern sich die Lieferzeiten für ein neues Pkw-Modell.

244. Aufgabe

Prüfen Sie, in welcher Zeile die Merkmale eines Käufermarktes und eines Verkäufermarktes richtig zugeordnet sind und tragen Sie diese Kennziffer in das Kästchen ein.

Merkmale des Käufermarktes	Merkmale des Verkäufermarktes
1. Die Käufer bestimmen das Marktgeschehen.	Das Angebot ist größer als die Nachfrage.
2. Die Nachfrage ist größer als das Angebot.	Auf der Anbieterseite herrscht geringer Wettbewerb.
3. Die Verkäufer bestimmen das Marktgeschehen.	Gut informierte, kritische und preisbewusste Konsumenten stehen den Anbietern gegenüber.
4. Produktionsengpässe führen zu längeren Lieferfristen.	Es herrscht große Konkurrenz und harter Wettbewerb auf der Anbieterseite.
5. Es herrscht große Konkurrenz und harter Wettbewerb auf der Anbieterseite.	Das Angebot ist kleiner als die Nachfrage.

245. Aufgabe

Ein Pharmakonzern bringt ein neues Produkt auf den Markt, für das großes Interesse besteht. Ein entsprechendes Konkurrenzprodukt wird zunächst nicht angeboten. Unter diesen Umständen kann der Angebotsmonopolist eine aktive Preispolitik betreiben.
Welche Feststellung zur Preispolitik des Pharmakonzerns ist zutreffend?

1. Der Pharmakonzern kann den Preis beliebig festsetzen; auf den Absatz hat das keinen Einfluss.
2. Der Pharmakonzern kann die Absatzmenge beliebig bestimmen; auf den Preis hat das keinen Einfluss.
3. Bei der größtmöglichen Absatzmenge lässt sich über den Preis auch der höchste Gewinn je Verkaufseinheit erzielen.
4. Wegen seiner Monopolstellung braucht der Pharmakonzern bei seiner Preispolitik auf das Nachfrageverhalten keine Rücksicht zu nehmen.
5. Trotz seiner Monopolstellung muss der Pharmakonzern bei seiner Preispolitik auf das Nachfrageverhalten Rücksicht nehmen.

246. Aufgabe

In welchem Beispiel handelt es sich um „horizontale Konzentration"?

1. Ein Unternehmen, das Fischkonserven herstellt, kauft eine Fischfangflotte auf.
2. Eine Bank kauft die Mehrheit der Aktien einer Brauerei, eines Kaufhauses, einer Versicherung und einer Textilfabrik.
3. Ein Stahlwerk vereinbart mit anderen Stahlwerken einen Unternehmenszusammenschluss.
4. Eine Uhrenfabrik kauft eine Papierfabrik.
5. Ein Autohersteller kauft eine Reifenfabrik.

▶ ☐

247. Aufgabe

Um welche Art von Unternehmenszusammenschluss handelt es sich, wenn Unternehmen Erzeugnisse in einer Gemeinschaftsproduktion herstellen, und die von ihnen erwirtschafteten Gewinne nach einem festgelegten Schlüssel auf die Mitglieder der Gemeinschaft verteilen?

1. Kartell
2. Konzern
3. Trust
4. Pool
5. Fusion

▶ ☐

248. Aufgabe

Zwei selbstständige Bauunternehmen, die Südbau AG und die Frankfurter Bau GmbH, vereinbaren die gemeinsame Durchführung von Bauarbeiten an der Großbaustelle „Frankfurter Kreuz".
Um welche Gesellschaftsform handelt es sich bei diesem Bauvorhaben?

1. Gelegenheitsgesellschaft
2. Kapitalgesellschaft
3. Personengesellschaft
4. Stille Gesellschaft
5. Genossenschaft

▶ ☐

249. Aufgabe

Je nach Inhalt und Ziel von Vereinbarungen und unabhängig von den Bestimmungen des sog. Kartellgesetzes kann man verschiedene Kartellarten unterscheiden.

Ordnen Sie zu, indem Sie die Kennziffern von **3** der insgesamt 7 Kartellarten in die Kästchen bei den Kartellvereinbarungen eintragen.

Kartellarten	Kartellvereinbarungen	
1. Produktionskartell	Zwei Computerhersteller vereinbaren gemeinsame Grundlagenforschung und gemeinsame Entwicklung neuer Produkte.	☐
2. Rationalisierungskartell		
3. Strukturkrisenkartell		
4. Vertriebskartell	Vier Entsorgungsunternehmen für Industrieabfälle vereinbaren, jeweils nur in bestimmten voneinander abgegrenzten Regionen tätig zu werden.	☐
5. Normen- und Typenkartell		
6. Konditionenkartell		
7. Gebietskartell	Drei Hersteller von Druckmaschinen vereinbaren zur Besserung ihrer Absatzchancen die einheitliche Anwendung von Normen und die Beschränkung auf bestimmte Maschinentypen.	☐

Abbildung zur 250. bis 253. Aufgabe

Ihnen liegt folgende Grafik über die Deutsche Lebenskurve von 2001 bis 2050 vor.

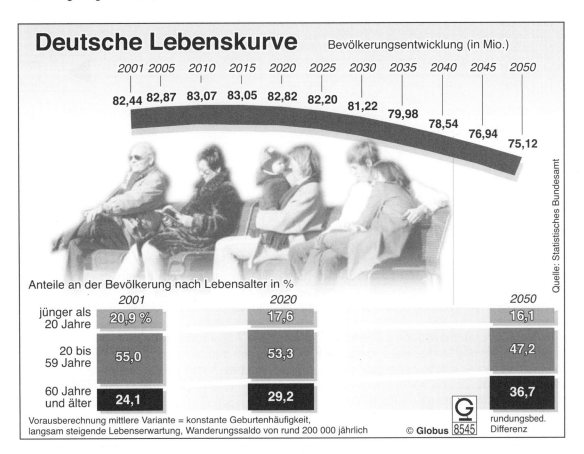

Deutsche Lebenskurve — Bevölkerungsentwicklung (in Mio.)

2001	2005	2010	2015	2020	2025	2030	2035	2040	2045	2050
82,44	82,87	83,07	83,05	82,82	82,20	81,22	79,98	78,54	76,94	75,12

Quelle: Statistisches Bundesamt

Anteile an der Bevölkerung nach Lebensalter in %

	2001	2020	2050
jünger als 20 Jahre	20,9 %	17,6	16,1
20 bis 59 Jahre	55,0	53,3	47,2
60 Jahre und älter	24,1	29,2	36,7

Vorausberechnung mittlere Variante = konstante Geburtenhäufigkeit, langsam steigende Lebenserwartung, Wanderungssaldo von rund 200 000 jährlich

© Globus 8545

rundungsbed. Differenz

---

250. Aufgabe

Berechnen Sie den prozentualen Rückgang der Bevölkerung von 2001 bis 2050 und tragen Sie das Ergebnis in das Kästchen ein (zwei Stellen nach dem Komma).

Komma
% ↓

---

251. Aufgabe

Prüfen Sie, welche Feststellung zutrifft.

1. Der Anteil der 20- bis 59-Jährigen nimmt von 2001 bis 2050 um 47,2 % ab.
2. 2020 beträgt der Anteil der 20- bis 59-Jährigen an der Gesamtbevölkerung 82,82 Millionen.
3. Bei der Berechnung der Bevölkerungsentwicklung ist ein Wanderungssaldo von jährlich 300.000 eingerechnet.
4. Die Bevölkerungsentwicklung ist seit 2005 ständig rückläufig.
5. 2020 leben in Deutschland 50.000 Menschen weniger als im Jahr 2005.

---

252. Aufgabe

Prüfen Sie, welche Feststellung <u>nicht</u> zutrifft.

1. Der prozentuale Anteil der Menschen ab 60 Jahre nimmt von 2001 bis 2050 um 12,6 % zu.
2. Die Bevölkerungszahl verändert sich zwischen 2010 und 2015 kaum.
3. 2020 sind mehr als 40 Millionen Menschen in Deutschland 20 bis 59 Jahre alt.
4. 2050 leben 7,32 Millionen weniger Menschen in Deutschland als 2001.
5. 2020 leben 17,6 Millionen Menschen, die jünger als 20 Jahre sind, in Deutschland.

---

253. Aufgabe

Stellen Sie fest, in welchem Zeitraum der Abstand bei der Bevölkerungsentwicklung am größten ist.

1. Zwischen 2025 und 2003
2. Zwischen 2015 und 2020
3. Zwischen 2010 und 2030
4. Zwischen 2040 und 2050
5. Zwischen 2030 und 2040

254. Aufgabe

In welchem Fall handelt es sich um einen Trust?

1. Eine Bank kauft die Mehrheit der Aktien einer Brauerei, eines Kaufhauses, einer Versicherung und einer Textilfabrik. Die Unternehmen behalten ihren alten Namen.
2. Ein Großunternehmen der chemischen Industrie kauft zwei weitere Unternehmen dieses Wirtschaftszweiges. Alle drei Unternehmen schließen sich durch eine Fusion zu einer neuen Unternehmung zusammen.
3. Acht Brauereien treffen eine Vereinbarung, den Bierpreis zur gleichen Zeit um den gleichen Betrag zu erhöhen.
4. Zwei Hersteller für Linoleum, die marktbeherrschend sind, treffen eine Absprache: der eine beliefert nur Kunden nördlich des Mains, der andere nur Kunden südlich des Mains.
5. Vier Unternehmen der Versicherungsbranche geben die Gewinne aus bestimmten Geschäften in einen gemeinsamen Fonds, um sie nach einem vorher festgelegten Verteilungsschlüssel am Ende des Geschäftsjahres untereinander aufzuteilen.

255. Aufgabe

Nach Zweck und Dauer gibt es verschiedene Formen der Unternehmenszusammenschlüsse, die sich unterschiedlich auf die rechtliche und wirtschaftliche Selbstständigkeit der beteiligten Unternehmen auswirken.
Ordnen Sie zu, indem Sie die Kennziffern von **2** der insgesamt **7** Beschreibungen von Unternehmenszusammenschlüssen in die Kästchen bei den Formen der Unternehmenszusammenschlüsse eintragen.

Beschreibungen von
Unternehmenszusammenschlüssen

1. Drei Reifenhersteller verständigen sich über die Herstellung bestimmter Reifentypen.
2. Zwei Vertriebsgesellschaften erschließen den Markt für ein neues Produkt. Sie schließen ihre Geschäfte selbstständig ab, vereinbaren aber eine Gewinnteilung.
3. Zwei Automobilhersteller gründen eine neue gemeinsame Gesellschaft; die beiden seitherigen Unternehmen werden als Ganzes übernommen.
4. Vier Mineralölkonzerne vereinbaren eine einheitliche Preisanhebung für Benzin in der 2. Juniwoche.
5. Ein Automobilhersteller übernimmt 70 % der Aktien eines Zulieferers, der rechtlich selbstständig bleibt. Die unternehmerische Führung übernimmt vereinbarungsgemäß der Automobilhersteller.
6. Vier Bauunternehmen vereinbaren die gemeinsame Durchführung von Bauarbeiten an einer Großbaustelle in Berlin.
7. Fünf Banken vereinbaren die Zusammenarbeit bei der Ausgabe von Aktien eines neuen Technologieunternehmens.

Formen der
Unternehmenszusammenschlüsse

Konzern ☐

Trust (Fusion) ☐

256. Aufgabe

Prüfen Sie, in welcher Zeile die unternehmerischen Maßnahmen zur Verbesserung der Wettbewerbsfähigkeit und Rentabilität nach zulässigen und nicht zulässigen Maßnahmen richtig zugeordnet sind.

Tragen Sie die entsprechende Kennziffer in das Kästchen ein.

Zulässige Maßnahmen	Nicht zulässige Maßnahmen
1. Markteinführung neuer innovativer Produkte	Schaffung einer neuen betrieblichen Tarifstruktur mit höheren Leistungsanreizen
2. Preisabsprachen mit Konkurrenzunternehmen zur Sicherung kostendeckender Preise	Fusion zur Erlangung einer marktbeherrschenden, monopolartigen Stellung für ein Produkt
3. Flexibilisierung der Arbeitszeit zur Erreichung höherer Maschinenlaufzeiten	Stillegung unrentabler Produktionszweige und Stellenabbau
4. Abbau übertariflicher Leistungen mit Beteiligung des Betriebsrates	Preisabsprachen mit Konkurrenzunternehmen zur Sicherung kostendeckender Preise
5. Abbau tariflicher Leistungen ohne Beteiligung des Betriebsrates	Gebietsmäßige Festlegung unterschiedlicher Verkaufskonditionen für Händler zur Sicherung möglichst hoher Renditen

Situation zur 257. und 258. Aufgabe

Sie lesen unten stehenden Auszug eines Presseberichtes zur Erhaltung der Wettbewerbsfähigkeit deutscher Unternehmen.

> „Die Arbeitgebervertreter fordern in den bevorstehenden Tarifverhandlungen maßvolle Tarifabschlüsse, da sonst die internationale Wettbewerbsfähigkeit gefährdet sei. Wenn die Gewerkschaften dazu nicht bereit seien, müsse der Staat wettbewerbspolitische Maßnahmen ergreifen."

257. Aufgabe

Prüfen Sie, welche Schlussfolgerung zutrifft.

1. Im Rahmen der Tarifautonomie muss die Bundesregierung in die Tarifverhandlungen eingreifen.
2. Aus rechtlichen Gründen und zur Förderung des Wettbewerbs sind die Gewerkschaften zu niedrigen Lohnabschlüssen gezwungen.
3. Das Gesetz gegen Wettbewerbsbeschränkungen regelt tarifvertragliche Voraussetzungen für die internationale Wettbewerbsfähigkeit.
4. Zum Erhalt der internationalen Wettbewerbsfähigkeit deutscher Unternehmen kann der Staat nicht direkt in die Tarifverhandlungen eingreifen, aber unter bestimmten Voraussetzungen deutsche Unternehmen durch Subventionen unterstützen.
5. Die Forderung der Arbeitgebervertreter ist unbegründet, da maßvolle Tarifabschlüsse keinen Einfluss auf die internationale Wettbewerbsfähigkeit deutscher Unternehmen haben.

258. Aufgabe

Prüfen Sie, welche wettbewerbspolitische Maßnahme des Staates marktkonform ist.

1. Festlegung einer prozentualen Höchstgrenze bei Lohnerhöhungen
2. Einfuhrverbote für bestimmte Güter
3. Festlegung von Höchstpreisen für Importgüter
4. Festlegung von Höchstpreisen für Exportgüter
5. Unterstützung deutscher Unternehmen durch Exportprämien

259. Aufgabe

Unternehmenszusammenschlüsse können verschiedene positive Folgen haben.
Welche Auswirkung ist aus gesamtwirtschaftlicher Sicht <u>nicht</u> positiv?

1. Rationalisierungs- und Einsparungsmöglichkeiten bei der Produktion und in der Verwaltung
2. Verbreiterung der Kapitalbasis und bessere Finanzierungsmöglichkeiten
3. Größere Forschungs- und Entwicklungsmöglichkeiten
4. Beschränkung des Wettbewerbs
5. Steuerliche Vorteile

Situation zur 260. bis 273. Aufgabe

Im Rahmen einer Seminarveranstaltung über Wirtschaftssysteme und Wirtschaftsordnungen diskutieren Sie über soziale Marktwirtschaft und Wettbewerb.

Beantworten Sie dazu die folgenden Fragen.

260. Aufgabe

Was ist das Kennzeichen des Modells einer freien Marktwirtschaft?

1. Die Individualplanung ist Teil einer Gesamtplanung.
2. Es gilt das Bedarfsdeckungsprinzip.
3. Die Investitionen werden teilweise gelenkt.
4. Es gilt das erwerbswirtschaftliche Prinzip. Der Markt ist oberste Lenkungsinstanz.
5. Der Markt als Lenkungsinstrument ist staatlichen Eingriffen ausgesetzt.

---

261. Aufgabe

Welcher richtigen Behauptung über die Wirtschaftsordnung als Teilordnung der Gesellschaft stimmen Sie zu?

1. Alle wirtschaftspolitischen Zielsetzungen sind ohne Beachtung gesellschaftspolitischer Ziele möglich.
2. Die Vollbeschäftigung ist nur ein wirtschaftspolitisches Ziel zur Auslastung der Kapazitäten.
3. Die Vollbeschäftigung ist nicht nur ein wirtschaftspolitisches, sondern auch ein gesellschaftspolitisches Ziel.
4. Eine Wirtschaftsordnung ist immer an eine bestimmte Gesellschaftsordnung gebunden.
5. Jede Wirtschaftsordnung ist in jeder Gesellschaftsordnung möglich.

---

262. Aufgabe

Welche Voraussetzung ist für eine freie bzw. soziale Marktwirtschaft nicht notwendig?

1. Konsumfreiheit
2. Vertragsfreiheit
3. Verankerung in der Verfassung
4. Freie Wahl des Berufes und Gewerbefreiheit
5. Tarifautonomie der Sozialpartner

---

263. Aufgabe

Welches Merkmal der sozialen Marktwirtschaft der Bundesrepublik Deutschland ist im Grundgesetz verankert?

1. Verbot der Wirtschaftskonzentration
2. Vereins- und Koalitionsfreiheit
3. Verbot der staatlichen Schlichtung von Arbeitskämpfen
4. Pflicht des Staates zur Erhaltung der Stabilität der Wirtschaft
5. Maßnahmen zur Konjunkturbelebung

---

264. Aufgabe

Wodurch unterscheidet sich die soziale Marktwirtschaft wesentlich von der freien Marktwirtschaft?

1. Durch die freie Berufswahl und die Gewerbefreiheit
2. Durch die Preisbildung über Angebot und Nachfrage
3. Durch die individuelle Entscheidung der Haushalte zur Befriedigung ihrer Bedürfnisse
4. Durch Privateigentum an Produktionsmitteln und das erwerbswirtschaftliche Risiko
5. Durch wirtschaftspolitische, steuerpolitische und sozialpolitische Eingriffe des Staates

---

265. Aufgabe

Welche Beschreibung trifft auf die Wirtschaftsordnung der Bundesrepublik Deutschland zu?

1. Auf den Märkten herrscht vollständige Konkurrenz.
2. Kartelle sind ohne Ausnahme verboten.
3. Die Tarifautonomie ist teilweise gesetzlich eingeschränkt.
4. Öffentliche Nahverkehrsmittel werden subventioniert.
5. Die Preise werden überwiegend staatlich festgesetzt.

---

266. Aufgabe

Welche Folgen treten ein, wenn der Wettbewerb in der Marktwirtschaft gestört wird?

1. Die Preise sinken, denn die Unternehmer müssen kein Geld für den Wettbewerb mit den anderen Unternehmern ausgeben.
2. Die Preise richten sich in diesem Fall nach dem Modell von Angebot und Nachfrage.
3. Die Preise richten sich in diesem Fall nicht nach dem Modell von Angebot und Nachfrage und steigen voraussichtlich.
4. Die Preise bleiben gleich, denn der Wettbewerb hat keinen Einfluss auf die Höhe der Preise.
5. Die Preise richten sich in diesem Fall nur nach den Kosten der Unternehmen.

---

267. Aufgabe

Stellen Sie fest, in welchem Beispiel <u>keine</u> Störung des Wettbewerbs vorliegt.

1. Für den Rohbau eines neuen Hallenschwimmbades findet eine Ausschreibung statt. Der Unternehmer mit dem niedrigsten Angebot erhält den Auftrag. Die Bauunternehmer in der näheren Umgebung vereinbaren, wer von ihnen diesen Auftrag erhalten soll. Die anderen geben absichtlich besonders hohe Angebote ab.
2. Vier große Warenhäuser erhöhen zur gleichen Zeit den Preis für einen bestimmten Farbfilm. Der neue Preis ist bei allen gleich hoch.
3. Für Schüler werden auf den öffentlichen Verkehrsmitteln niedrigere Tarife eingeführt. Der Verkehrsträger erhält dafür Subventionen.
4. Ein Unternehmer bietet ein neuartig beheiztes Schwimmbecken für den Garten an. Die Verbraucher können sich jedoch nicht zum Kauf entschließen, weil es ihnen zu teuer erscheint.
5. Durch eine Verordnung des Wirtschaftsministeriums wird die Einfuhr von Frühkartoffeln zum Schutz der einheimischen Landwirte zeitweise verboten.

---

268. Aufgabe

Stellen Sie fest, welche Behauptung über den Wettbewerb <u>nicht</u> zutrifft.

1. Um den Wettbewerb zu steigern, greift der Staat manchmal ein und setzt die Preise fest.
2. Der Wettbewerb zwingt die Unternehmer, durch ständig neue Ideen am Markt zu bleiben.
3. Um wettbewerbsfähig zu bleiben, setzen Unternehmer arbeitssparende Maschinen ein.
4. Wenn Wettbewerb herrscht, kommen in der Regel die leistungsfähigeren Unternehmer zum Zug.
5. Der Wettbewerb verhindert in der Regel, dass an einer Ware zu viel verdient wird.

---

269. Aufgabe

Welche Aufgaben haben vergleichende Warentests, die vom Staat gefördert werden?

1. Möglichst vollkommenen Wettbewerb im Einzelhandel sichern
2. Käufer zum Erwerb ganz bestimmter Produkte veranlassen
3. Gewinnspannen bestimmter Wirtschaftsbereich beeinflussen
4. Waren objektiv untersuchen und die Verbraucher darüber unterrichten
5. Die Produktgestaltung der Industrie grundsätzlich verändern

270. Aufgabe

Durch welche Maßnahmen des Staates werden ordnungspolitische Voraussetzungen für eine soziale Marktwirtschaft verletzt?

1. Empfehlungen für die Tarifverhandlungen
2. Veränderung der Wechselkurse
3. Erhöhung der Mehrwertsteuer
4. Raumordnungs- und Flächennutzungspläne
5. Genehmigungspflicht für alle Investitionen

271. Aufgabe

Welche Maßnahme ist mit der sozialen Marktwirtschaft vereinbar?

1. Verstaatlichung der Atomindustrie
2. Festsetzung von Höchstpreisen für lebensnotwendige Konsumgüter
3. Verbot von Preisbindungen
4. Zuteilung von Arbeitskräften an Betriebe, die lebensnotwendige Güter herstellen
5. Grundsätzliche Einführung von Investitionskontrollen

272. Aufgabe

Prüfen Sie, welche Feststellung über die Realität der sozialen Marktwirtschaft in der Bundesrepublik Deutschland zutreffend ist.

1. Die Wirtschaftskonzentration kann ohne staatliche Gesetzgebung vermieden werden.
2. Die Vermögensbildung für breite Bevölkerungskreise ist in der sozialen Marktwirtschaft ohne besondere Förderungsmaßnahmen möglich.
3. Die Strukturpolitik kommt ohne Raumordnungs-, Flächennutzungs- und Bebauungspläne aus.
4. Zur Vermeidung der Konzentration in der Wirtschaft sind gesetzliche Bestimmungen notwendig.
5. Die Konjunkturpolitik kommt ohne staatliche Förderungsmaßnahmen aus.

273. Aufgabe

In der Bundesrepublik Deutschland ist die Vollbeschäftigung eines von mehreren wirtschaftspolitischen Zielen. Welche Gegenmaßnahme der Bundesregierung widerspricht den Grundsätzen der sozialen Marktwirtschaft, wenn hohe Arbeitslosigkeit herrscht?

1. Erhöhung der Abschreibungssätze für Investitionsgüter
2. Verstärkte Vergabe von öffentlichen Aufträgen
3. Gesetzliches Verbot von Entlassungen
4. Allgemeine Steuersenkungen
5. Erhöhte Subventionen für notleidende Wirtschaftszweige
6. Erhöhung des Kindergeldes

Situation zur 274. Aufgabe

In den nächsten Jahren werden – nach einer Untersuchung der Unternehmensberatung Brain & Company – viele Unternehmen ihr Geschäftsfeld grundlegend verändern. Über die Gründe und die Veränderungen wird in unten stehendem Artikel (Ausschnitt) berichtet.

274. Aufgabe

Prüfen Sie, welche Feststellung sich dem Zeitungsauszug <u>nicht</u> entnehmen lässt.
1. Rund zwei Dittel der Unternehmen werden in den nächsten Jahren ihr Geschäftsfeld grundlegend ändern oder ihre Eigenständigkeit verlieren.
2. Zunehmender internationaler Wettbewerb und das wachsende Innovationstempo sind für die Veränderungen in erster Linie verantwortlich.
3. Im Zeitraum zwischen 2005 und 2014 werden 28 % der Unternehmen ihr Kerngeschäft verändern.
4. Zwischen 2005 und 2014 werden schätzungsweise 37 % der Unternehmen zahlungsunfähig oder übernommen.
5. Im Jahr 2014 wird schätzungsweise nur etwa jedes dritte Unternehmen noch in dem Geschäftsbereich von 2005 arbeiten.

Hoher Veränderungsdruck

Nur jedes dritte Unternehmen bleibt, wie es ist

loe. FRANKFURT, 30. Juli. Im Jahr 2014 wird nur noch etwa jedes dritte Unternehmen in seiner heutigen Form existieren – das sagt zumindest die Unternehmensberatung Bain & Company in einer neuen Studie voraus. Rund zwei Drittel der Unternehmen werden demnach ihr Geschäftsfeld grundlegend ändern oder ihre Eigenständigkeit verlieren, sei es durch eine Übernahme oder eine Insolvenz. Als Ursachen für diese Entwicklung sehen die Berater vor allem das „dramatisch" wachsende Innovationstempo und den zunehmenden internationalen Wettbewerb.

Bain stützt sich in seiner Aussage auf eine Analyse der Geschäftsmodelle der Fortune-500-Unternehmen, der größten amerikanischen Konzerne. Ein Jahr lang haben sich die Bain-Mitarbeiter durch die Geschäftsberichte der vergangenen Jahrzehnte gewühlt, Übernahmen festgehalten und Strategiewechsel herausgefiltert. Diese Informationen aus der Vergangenheit ergänzten die Berater um die Ergebnisse einer Umfrage, in der 260 Führungskräfte die Zukunftsaussichten ihrer Unternehmen einschätzten. Mit diesen Informationen fütterten sie ein computergestütztes Prognosemodell. Das Ergebnis im Detail: Im Zeitraum zwischen 2005 und 2014 werden 35 Prozent der Unternehmen ihre Strategie grundlegend neu definieren, 37 Prozent werden übernommen oder zahlungsunfähig, und lediglich 28 Prozent werden ihr Kerngeschäft nicht verändern.

Quelle: Frankfurter Allgemeine Zeitung vom 31. Juli 2008, loe

Situation zur 275. Aufgabe

Sie haben einen Bericht über wesentliche Bestimmungen des Gesetzes gegen Wettbewerbsbeschränkungen geschrieben. Ein Freund liest den Bericht durch. Dabei fällt ihm ein Fehler auf.

275. Aufgabe

Stellen Sie fest, welchen Punkt Ihr Freund zurecht beanstandet.
1. Vereinbarungen zwischen Unternehmen, die eine Einschränkung des Wettbewerbs bezwecken, sind i. d. R. verboten.
2. Ein Unternehmen darf ein anderes Unternehmen nicht auffordern, nur von bestimmten Zulieferern Produkte zu kaufen.
3. Das Bundeskartellamt muss i. d. R. Unternehmenszusammenschlüsse verbieten, wenn dadurch eine marktbeherrschende Stellung verstärkt wird.
4. Das Bundeskartellamt und das Bundesministerium für Wirtschaft überwachen u. a. die Einhaltung der Vorschriften des Gesetzes gegen Wettbewerbsbeschränkungen.
5. Das nationale Wettbewerbsrecht hat i. d. R. Vorrang vor dem EU-Wettbewerbsrecht.

276. Aufgabe

Prüfen Sie, welche Behauptung über staatliche Eingriffsmöglichkeiten bei Unternehmenszusammenschlüssen <u>nicht</u> zutrifft.

1. Unternehmensverbindungen, durch die ein marktbeherrschendes Unternehmen entsteht, unterliegen einer Kontrolle durch das Bundeskartellamt.
2. Entscheidungen über Unternehmenszusammenschlüsse sind Teil der unternehmerischen Gestaltungsfreiheit und unterliegen keiner staatlichen Kontrolle.
3. Das Bundeskartellamt muss einen marktbeherrschenden Zusammenschluss in der Regel untersagen.
4. Fusionen können vom Bundeswirtschaftsminister ausnahmsweise erlaubt werden, wenn die Wettbewerbsbeschränkung von gesamtwirtschaftlichen Vorteilen im Interesse der Allgemeinheit aufgewogen wird.
5. Größere Unternehmen müssen Unternehmenszusammenschlüsse immer anzeigen, um eine wirksame Fusionskontrolle zu ermöglichen.

▶ ☐

277. Aufgabe

Prüfen Sie, in welcher Zeile die staatlichen Maßnahmen zur Erhaltung des Wettbewerbs nach marktkonformen und nicht marktkonformen Maßnahmen richtig zugeordnet sind und tragen Sie die entsprechende Kennziffer in das Kästchen ein.

	Marktkonforme Maßnahmen	Nicht marktkonforme Maßnahmen
1.	Grundsätzliches Kartellverbot mit Erlaubnismöglichkeit durch die Kartellbehörden	Verbot von Preisabsprachen zwischen Unternehmen
2.	Festsetzung von Höchstmieten	Wohngeld
3.	Fusionskontrolle	Subventionen für die Landwirtschaft
4.	Steuererleichterungen für strukturschwache Gebiete	Gewährung von Sparprämien
5.	Gesetz gegen den unlauteren Wettbewerb	Mindestpreise für landwirtschaftliche Erzeugnisse

▶ ☐

278. Aufgabe

Prüfen Sie, in welcher Zeile die ordnungspolitischen und strukturpolitischen Maßnahmen des Staates richtig zugeordnet sind und tragen Sie die entsprechende Kennziffer in das Kästchen ein.

	Ordnungspolitische Maßnahmen	Strukturpolitische Maßnahmen
1.	Einfuhrkontingente für Agrarprodukte	Öffentliche Aufträge mit Zuschüssen in strukturschwachen Gebieten
2.	Missbrauchsaufsicht für marktbeherrschende Unternehmen durch das Bundeskartellamt	Fusionskontrolle
3.	Steuererleichterungen für strukturschwache Industriezweige	Missbrauchsaufsicht für marktbeherrschende Unternehmen durch das Bundeskartellamt
4.	Gesetz gegen den unlauteren Wettbewerb	Subventionen für den Schiffsbau zur Erhöhung der internationalen Wettbewerbsfähigkeit
5.	Sonderabschreibungsmöglichkeiten auf bestimmte Investitionsgüter	Steuererleichterungen für den Wohnungsbau

 ▶ ☐

Markt u. Preis/Wirtschaftsordnung *(vertical side text)*

279. Aufgabe

Das Kartellgesetz soll einen funktionsfähigen Wettbewerb sichern.
Prüfen Sie, welche beiden Vorschriften dem Kartellgesetz entnommen sind.

1. Bei Räumungsverkäufen müssen die Gründe für die Räumung angegeben werden.
2. Preisempfehlungen für Markenwaren müssen ausdrücklich als unverbindlich bezeichnet werden.
3. Mengenrabatte dürfen die handelsübliche Höhe nicht überschreiten.
4. Zusammenschlüsse von Unternehmen werden verboten, wenn dadurch eine marktbeherrschende Situation entsteht.
5. Die Preise von Waren für Endverbraucher sind einschließlich der Umsatzsteuer anzugeben.
6. Falsche bzw. wissentlich unwahre Angaben über Beschaffenheit und Herstellungsart einer Ware sind verboten.

▶ ☐

▶ ☐

---

280. Aufgabe

Einige Unternehmen streben – trotz möglicher Auswirkungen auf die Wettbewerbsfähigkeit – auch ökologische Ziele bei ihrer Unternehmensplanung an.
Prüfen Sie, mit welchen beiden Maßnahmen ökologische Ziele erreicht werden sollen.

1. Durch zusätzliche Werbemaßnahmen soll der Umsatz gesteigert werden.
2. Unternehmensleitung und Betriebsrat beschließen, einen Betriebskindergarten einzurichten.
3. An die Mitarbeiter werden kostenlos Jobtickets für öffentliche Verkehrsmittel abgegeben.
4. Um die Stromkosten zu reduzieren, wird ein kostengünstiger Stromanbieter gesucht.
5. Zur Erhaltung der Arbeitsplätze wird der Export ausgeweitet.
6. Die bisher verwendeten Beleuchtungskörper werden durch Energiesparlampen ersetzt.

▶ ☐

▶ ☐

Situation zur 281. Aufgabe

Sie sind in der Kleiderwerke Walter Behrend GmbH angestellt. Die Geschäftsleitung beauftragt Sie zu prüfen, ob die Marketingmaßnahmen eines Konkurrenzunternehmens gegen das Wettbewerbsrecht verstoßen.

281. Aufgabe

Stellen Sie fest, welche Werbemaßnahme des Konkurrenzunternehmens gegen das Wettbewerbsrecht verstößt.

1. Es verkauft Produkte gleicher Qualität zu unterschiedlichen Preisen an verschiedene Kundengruppen.
2. Es hat allgemeine Geschäftsbedingungen festgelegt, die zwar rechtlich einwandfrei sind, aber wesentlich von denen der Behrend GmbH abweichen.
3. Es vergleicht die Qualität der eigenen Produkte mit den Produkten, die in der Behrend GmbH hergestellt werden, mit dem Slogan: „Unsere Produkte sind besser als die der Behrend GmbH."
4. Es wirbt für ein Produkt mit dem Hinweis, dass dies das beste sei, was je im eigenen Unternehmen hergestellt wurde.
5. Es räumt – im Gegensatz zur Behrend GmbH – den Kunden die Möglichkeit ein, bei Zahlung innerhalb von zehn Tagen 3 % Skonto vom Rechnungsbetrag abzuziehen.

▶ ☐

6. Grundzüge der Wirtschaftspolitik in der sozialen Marktwirtschaft

282. Aufgabe

Welche Kennziffer des einfachen Kreislaufmodells einer geschlossenen Volkswirtschaft ohne staatliche Aktivität beschreibt den Strom der Konsumausgaben?

Tragen Sie die richtige Kennziffer in das Kästchen ein.

▶ ☐

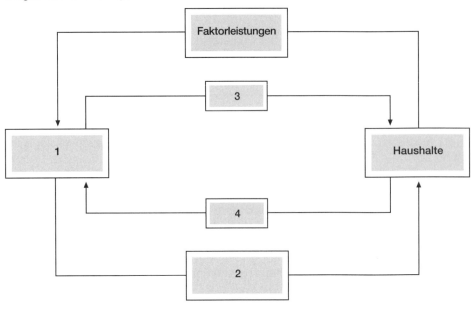

283. Aufgabe

Ordnen Sie zu, indem Sie die Kennziffern von **4** der insgesamt 8 Ziffern der unten stehenden Abbildung eines Kreislaufmodells in die Kästchen bei den entsprechenden Zahlungsvorgängen eintragen.

Ziffern der Abbildung

1. Ziffer 1
2. Ziffer 2
3. Ziffer 3
4. Ziffer 4
5. Ziffer 5
6. Ziffer 6
7. Ziffer 7
8. Ziffer 8

Zahlungsvorgänge

Ein Rentnerehepaar erhält eine Steuervergünstigung für den Einbau von Solaranlagen zur Energiegewinnung in sein Haus. ☐

Der Geschäftsführer eines Unternehmens überweist seine Einkommensteuer. ☐

Die Stadtverwaltung zahlt die Rechnung für den Bau von Parkplätzen. ☐

Ein deutscher Tourist bezahlt seine Hotelrechnung in Italien. ☐

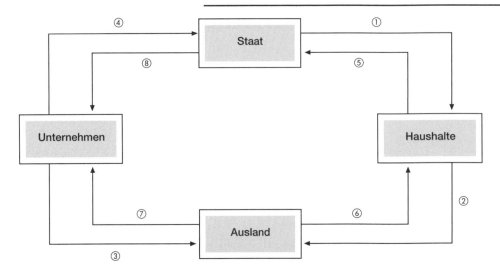

Situation zur 284. und 285. Aufgabe

In einer volkswirtschaftlichen Statistik finden Sie folgende Zahlen:

Export	450 Mrd. EUR
Import	375 Mrd. EUR
Konsumausgaben	
privat	420 Mrd. EUR
staatlich	150 Mrd. EUR
Bruttoinvestitionen	280 Mrd. EUR
Einkommen aus nicht selbstständiger Arbeit	380 Mrd. EUR

284. Aufgabe

Welcher Posten wird für die Verwendungsrechnung des Bruttoinlandsproduktes nicht benötigt?

1. Export
2. Import
3. Private Konsumausgaben
4. Staatliche Konsumausgaben
5. Bruttoinvestitionen
6. Einkommen aus nicht selbstständiger Arbeit

285. Aufgabe

Mrd. EUR

Berechnen Sie das Bruttoinlandsprodukt in Euro und tragen Sie das Ergebnis in das Kästchen ein.

286. Aufgabe

Prüfen Sie, welche Definition zum Sozialprodukt richtig ist.

1. Nettosozialprodukt zu Faktorkosten + indirekte Steuern − Subventionen
   = Bruttosozialprodukt zu Marktpreisen
2. Nettosozialprodukt zu Marktpreisen − Abschreibungen
   = Bruttosozialprodukt zu Marktpreisen
3. Bruttoproduktionswert − Vorleistungen
   = Bruttoinlandsprodukt
4. Privater Konsum + Staatsverbrauch
   = Bruttosozialprodukt zu Marktpreisen
5. Privater Konsum + Exporte − Importe
   = Bruttosozialprodukt zu Marktpreisen

287. Aufgabe

Sie hatten einen Blechschaden an Ihrem Auto; die Reparatur kostet Sie 690,00 EUR inklusive Mehrwertsteuer. Prüfen Sie, welche Feststellung zutrifft.

1. Die Reparatur Ihres Autos vermindert das Bruttoinlandsprodukt.
2. Die Reparatur Ihres Autos erhöht das Bruttoinlandsprodukt.
3. Die Reparatur Ihres Autos hat keinen Einfluss auf das Bruttoinlandsprodukt.
4. Wären Sie nicht mit dem Auto zur Arbeit gefahren, hätten Sie keinen Unfall gehabt und das Bruttoinlandsprodukt wäre gestiegen.
5. Durch die Reparatur an Ihrem Auto erhöht sich das Bruttoinlandsprodukt um 690,00 EUR plus Mehrwertsteuer.

288. Aufgabe

Prüfen Sie, welche Feststellung über das Bruttoinlandsprodukt zu Marktpreisen zutrifft.

1. Es ist die Summe der Leistungen aller privaten und öffentlichen Haushalte in einem Land.
2. Es entspricht der Kaufkraft der Bevölkerung in einem Land.
3. Es ist das in einer Periode den Inländern zugeflossene Einkommen aus unselbstständiger Arbeit, selbstständiger Arbeit und Vermögen.
4. Es ist die Summe aller in einem Land erzeugten Güter und Dienstleistungen innerhalb einer Periode (bewertet in der Landeswährung).
5. Es entsteht durch den Konsum der Privathaushalte, der Unternehmen und des Staates.

Situation zur 289. bis 292. Aufgabe

Ihnen liegt unten stehende Grafik über die Entstehung, Verwendung und Verteilung des Bruttoinlandsproduktes (BIP) zur Auswertung für ein Referat vor.

Das BIP spiegelt die wirtschaftliche Gesamtleistung eines Landes wider. Der Wert der Hausarbeit und Eigenleistungen werden dabei nicht berücksichtigt.

Abbildung zur 289. bis 292. Aufgabe

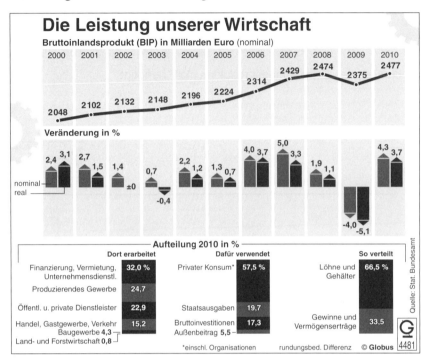

289. Aufgabe

Prüfen Sie, welche Feststellung über die wertmäßige Entwicklung des BIP zutreffend ist.

1. Das BIP hat sich im Berichtszeitraum sowohl nominal als auch real ständig erhöht.
2. Das reale wirtschaftliche Wachstum betrug 2009 2,5 %.
3. Das nominale BIP hat sich im Berichtszeitraum um etwa 10 % erhöht.
4. Das wirtschaftliche Wachstum war im Jahr 2007 real am stärksten.
5. Real ist das BIP in den Jahren 2006 und 2010 am stärksten gestiegen.

290. Aufgabe

Prüfen Sie, welche Feststellung über die Entstehung des BIP nach Wirtschaftssektoren richtig ist.

1. Der Wert der Hausarbeit ist bei den Dienstleistungen berücksichtigt.
2. Im produzierenden Gewerbe wird der größte Anteil am BIP erwirtschaftet.
3. Die verschiedenen Wirtschaftssektoren tragen mit etwa gleichen Teilen zur Entstehung des BIP bei.
4. Die öffentlichen und privaten Dienstleister und das produzierende Gewerbe tragen zusammen fast zur Hälfte zur Erarbeitung des BIP bei.
5. Der Anteil des produzierenden Gewerbes an der wirtschaftlichen Gesamtleistung entspricht etwa einem Drittel des BIP.

291. Aufgabe

Prüfen Sie, welche Feststellung über die Verteilung des BIP zutreffend ist.

1. Der Anteil der Löhne und Gehälter am BIP beträgt fast 68 Mrd. Euro.
2. In der Verteilungsrechnung des BIP ist der Staatsanteil ein wesentlicher Posten.
3. Auf Gewinne und Vermögenserträge entfällt fast die Hälfte des BIP.
4. Der Anteil der Löhne und Gehälter bei der Verteilung des BIP beträgt etwa zwei Drittel.
5. In der Verteilungsrechnung des BIP sind die Bruttoinvestitionen eine wesentliche Position.

292. Aufgabe

Prüfen Sie, welche Feststellung über die Verwendung des BIP zutrifft.

1. Löhne und Gehälter sind ein wesentlicher Posten in der Verwendungsrechnung des BIP.
2. Importe und Exporte werden in der Verwendungsrechnung des BIP nicht berücksichtigt.
3. Der größte Teil des BIP wird für den privaten Konsum verwendet.
4. Der größte Teil des BIP wird für Staatsausgaben und Bruttoinvestitionen verwendet.
5. Gewinne und Vermögenserträge sind wesentliche Posten in der in der Verwendungsrechnung des BIP.

Situation zur 293. bis 296. Aufgabe

In der sozialen Marktwirtschaft überlässt der Staat die Wirtschaft nicht vollkommen der Steuerung durch den Markt. Als oberstes Ziel seiner Wirtschafts- und Finanzpolitik gilt das im sog. Stabilitätsgesetz definierte Erreichen eines gesamtwirtschaftlichen Gleichgewichtes.

Lösen Sie die folgenden Aufgaben mithilfe des unten stehenden Auszuges aus dem Gesetz zur Förderung der Stabilität und des Wachstums der Wirtschaft (Stabilitätsgesetz).

Abbildung zur 293. bis 296. Aufgabe

Stabilitätsgesetz von 1967 (Auszug)

§ 1

Bund und Länder haben bei ihren wirtschafts- und finanzpolitischen Maßnahmen die Erfordernisse des gesamtwirtschaftlichen Gleichgewichts zu beachten. Die Maßnahmen sind so zu treffen, dass sie im Rahmen der marktwirtschaftlichen Ordnung gleichzeitig zur Stabilität des Preisniveaus, zu einem hohen Beschäftigungsstand und außenwirtschaftlichem Gleichgewicht bei stetigem und angemessenem Wirtschaftswachstum beitragen.

§ 2

(1) Die Bundesregierung legt im Januar eines jeden Jahres dem Bundestag und dem Bundesrat einen Jahreswirtschaftsbericht vor. Der Jahreswirtschaftsbericht enthält: ...

2. eine Darlegung der für das laufende Jahr von der Bundesregierung angestrebten wirtschafts- und finanzpolitischen Ziele (Jahresprojektion);

3. eine Darlegung der für das laufende Jahr geplanten Wirtschafts- und Finanzpolitik.

§ 3

(1) Im Falle der Gefährdung eines der Ziele des § 1 stellt die Bundesregierung Orientierungsdaten für ein gleichzeitiges aufeinander abgestimmtes Verhalten (konzertierte Aktion) der Gebietskörperschaften, Gewerkschaften und Unternehmensverbände zur Erreichung der Ziele des § 1 zur Verfügung.

§ 6

(2) Die Bundesregierung kann bestimmen, dass bei einer die Ziele des § 1 gefährdenden Abschwächung der allgemeinen Wirtschaftstätigkeit zusätzliche Ausgaben geleistet werden.

(3) Der Bundesminister der Finanzen wird ermächtigt, zu dem in Absatz 2 bezeichneten Zweck Kredite über die im Haushaltsgesetz erteilten Kreditermächtigungen hinaus bis zur Höhe von fünf Milliarden Deutsche Mark, gegebenenfalls mithilfe von Geldmarktpapieren, aufzunehmen.

§ 11

Bei einer die Ziele des § 1 gefährdenden Abschwächung der allgemeinen Wirtschaftstätigkeit ist die Planung geeigneter Investitionsvorhaben so zu beschleunigen, dass mit ihrer Durchführung kurzfristig begonnen werden kann. Die zuständigen Bundesminister haben alle weiteren Maßnahmen zu treffen, die zu einer beschleunigten Vergabe von Investitionsaufträgen erforderlich sind.

293. Aufgabe

Welches wirtschaftspolitische Ziel gehört nach § 1 des Stabilitätsgesetzes zum „magischen Viereck"?

1. Steuergerechtigkeit
2. Umweltschutz
3. Gerechte Einkommensverteilung
4. Außenwirtschaftliches Gleichgewicht
5. Gerechte Vermögensverteilung
6. Qualitatives Wachstum

294. Aufgabe

Welches Ziel wird nicht im Stabilitätsgesetz genannt?

1. Stabilität des Preisniveaus
2. Hoher Beschäftigungsstand
3. Gesamtwirtschaftliches Gleichgewicht
4. Ökologisches Gleichgewicht
5. Stetiges und angemessenes Wirtschaftswachstum
6. Außenwirtschaftliches Gleichgewicht

295. Aufgabe

Hohe Arbeitslosigkeit bedeutet auf Dauer eine Störung des gesamtwirtschaftlichen Gleichgewichtes.
Was kann die Bundesregierung im Rahmen des Stabilitätsgesetzes u. a. tun, um dieses Problem zu bekämpfen?

1. Die Bundesregierung kann den Sozialpartnern für Tarifverhandlungen verbindliche Vorgaben machen, um zu möglichst niedrigen Lohnabschlüssen zu kommen.
2. In einer gemeinsamen Konferenz kann die Bundesregierung für die Bundesländer und die Unternehmensverbände verbindliche Daten für deren Finanz- und Wirtschaftspolitik vorgeben (konzertierte Aktion).
3. Zur Ankurbelung der allgemeinen Wirtschaftätigkeit kann der Bundesfinanzminister ermächtigt werden, über die im Haushaltsplan vorgesehene Kreditaufnahme zusätzliche Kredite in Höhe von fünfzig Milliarden EUR aufzunehmen.
4. Geplante Investitionsvorhaben des Staates können vorgezogen und beschleunigt verwirklicht werden, um dadurch die allgemeine Wirtschaftätigkeit anzuregen.
5. Die Festlegung von globalen wirtschafts- und finanzpolitischen Planungsdaten durch die Bundesregierung ist in der sozialen Marktwirtschaft nicht möglich.

296. Aufgabe

Warum wird im Zusammenhang mit der Zielsetzang nach § 1 des Stabilitätsgesetzes vom „magischen Viereck" gesprochen?

1. Weil es keine Zielkonflikte gibt und deshalb alle sechs Ziele gleichzeitig erreicht werden können.
2. Weil angemessenes Wirtschaftswachstum nicht erreicht wird.
3. Weil Bund und Länder ihre wirtschafts- und finanzpolitischen Maßnahmen miteinander nicht abstimmen.
4. Weil die Ziele nur gleichzeitig erreicht werden können, wenn die Finanzminister aller Länder und der Bundesfinanzminister eng zusammenarbeiten.
5. Weil es bei den vier wirtschaftspolitischen Hauptzielen Zielkonflikte gibt und z. B. Vollbeschäftigung und Wirtschaftswachstum oft zu Preissteigerungen fahren.

297. Aufgabe

Welches wirtschaftspolitische Ziel wird vorwiegend durch Geld- und Kreditverknappung erreicht?

1. Vollbeschäftigung
2. Wirtschaftliches Wachstum
3. Geldwertstabilität
4. Außenwirtschaftliches Gleichgewicht
5. Gerechte Einkommensverteilung
6. Gerechte Vermögensverteilung

298. Aufgabe

Welches wirtschaftspolitische Ziel lässt sich an der Entwicklung des Bruttosozialproduktes ablesen?

1. Stabilität des Preisniveaus
2. Hoher Beschäftigungsstand
3. Außenwirtschaftliches Gleichgewicht
4. Angemessenes Wirtschaftswachstum
5. Gerechte Vermögensverteilung

299. Aufgabe

Prüfen Sie, welche Feststellung zur Vollbeschäftigung zutrifft.

1. In der Bundesrepublik Deutschland spricht man von Vollbeschäftigung, wenn die Arbeitslosenquote nicht mehr als 7 % beträgt.
2. Mit dem Erreichen der Vollbeschäftigung ist meist ein Steigen der Preise verbunden.
3. Wenn ein Staat Vollbeschäftigung erreicht hat, sind auch Geldwertstabilität und ausgeglichene Zahlungsbilanz gewährleistet.
4. Die wirtschaftlichen Entscheidungen zur Sicherung der Vollbeschäftigung können nur von der Bundesregierung getroffen werden.
5. Zinssenkungen reichen aus, um bei den Unternehmen die Bereitschaft zu zusätzlichen Investitionen und zur Nachfrage nach zusätzlichen Arbeitskräften zu vergrößern. Dadurch wird mit Zinssenkungen Vollbeschäftigung erreicht.

300. Aufgabe

Die Bundesregierung beschließt die Anhebung der Mehrwertsteuer. Auf welches Ziel des Stabilitätsgesetzes kann diese Maßnahme unmittelbar Auswirkungen haben?

1. Hoher Beschäftigungsstand
2. Außenwirtschaftliches Gleichgewicht
3. Angemessenes Wirtschaftswachstum
4. Stabilität des Preisniveaus
5. Gesamtwirtschaftliches Gleichgewicht

301. Aufgabe

Der Euro wird gegenüber dem Dollar und dem Yen abgewertet.

Stellen Sie fest, in welcher Zeile die Auswirkungen auf Exporte, Reisen und Importe jeweils richtig angegeben sind, und tragen Sie die entsprechende Kennziffer in das Kästchen ein.

Deutsche Exporte in die USA	Reisen deutscher Touristen in die USA	Importe aus Japan nach Deutschland
1. werden erschwert	werden teurer	werden erschwert
2. werden erleichtert	werden billiger	werden erleichtert
3. keine Auwirkungen	keine Auswirkungen	keine Auswirkungen
4. werden erleichtert	werden teurer	werden erschwert
5. werden erschwert	werden billiger	werden erleichtert

302. Aufgabe

In einer Diskussionsrunde über die Auf- und Abwertung einer Währung werden folgende Meinungen vertreten. Prüfen Sie, welche Feststellung zutrifft.

1. Durch die Aufwertung einer Währung werden die Exporte in das Ausland billiger.
2. Durch die Aufwertung einer Währung werden die Importe billiger.
3. Durch die Abwertung einer Währung werden die Exporte in das Ausland teurer.
4. Durch die Abwertung einer Währung werden die Importe billiger.
5. Aufwertung und Abwertung haben keine Auswirkung auf die Wirtschaft; sie spielen sich nur innerhalb des Notenbanksystems ab.

303. Aufgabe

Welche Folge kann die Aufwertung einer Landeswährung gegenüber anderen Währungen haben?

1. Die ausländische Ware wird im Inland teurer.
2. Die einheimische Ware wird im Ausland teurer.
3. Die eigene Wettbewerbsfähigkeit auf dem Weltmarkt wird verbessert.
4. Die Arbeitsplätze im Inland werden gesichert.
5. Die einheimische Ware wird im Ausland billiger.

304. Aufgabe

Wie wurden die Auswirkungen vor Beginn der Währungsunion eingeschätzt? Nehmen Sie zur Lösung der Aufgabe die Abbildung zur Hilfe.

1. Der Zusammenhalt in der EU wird zurückgehen.
2. Die Arbeitslosigkeit nimmt ab.
3. Das Wirtschaftswachstum nimmt zu.
4. Die Inflationsrate fällt.
5. Am Zusammenhalt der Mitgliedsländer wird sich nichts ändern.

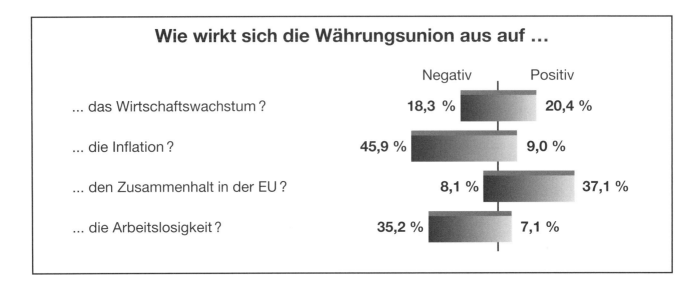

305. Aufgabe

Welches Ziel verfolgt der Internationale Währungsfonds (IWF)?

1. Koordinierung der Konjunkturpolitik der Mitgliedsländer sowie Förderung der Ausweitung des Welthandels.
2. Förderung des Wirtschaftswachstums und der Vollbeschäftigung in den Mitgliedsländern.
3. Förderung der wirtschaftlichen Zusammenarbeit der europäischen Staaten und Belebung des Ost-Westhandels.
4. Überbrückung von Zahlungsschwierigkeiten von Kreditinstituten.
5. Förderung der internationalen Zusammenarbeit auf dem Gebiet der Währungspolitik und Währungsstabilität; Kreditgewährung an Länder mit Zahlungsbilanzschwierigkeiten.

306. Aufgabe

Welche Ziele hat die Europäische Union (EU)?

1. Förderung der freiheitlichen Wirtschaftsentwicklung in den Ländern Westeuropas sowie in den USA und in Kanada.
2. Gemeinsame übernationale Wirtschafts- und Währungspolitik, gemeinsame Außen- und Sicherheitspolitik und Zusammenarbeit in der Innen- und Rechtspolitik.
3. Stärkung der Verteidigungsbereitschaft der Länder Westeuropas.
4. Förderung der wissenschaftlichen Zusammenarbeit und des kulturellen Austausches der Länder Westeuropas.
5. Zusammenarbeit in allen Fragen der wirtschaftlichen Hilfe für Entwicklungsländer.

Grundzüge der Wirtschaftspolitik in der sozialen Marktwirtschaft

307. Aufgabe

Was will die Europäische Zentralbank (EZB) bewirken, wenn sie den Hauptrefinanzierungssatz und die Mindest-reservesätze senkt?

1. Senkung der Zahlungsbilanzüberschüsse
2. Senkung der Nachfrage an Krediten
3. Erhöhung der Zinsen bei den Kreditinstituten
4. Reduzierung der Liquiditätslage der Kreditinstitute
5. Erhöhung der Kreditschöpfungsmöglichkeiten der Banken und Sparkassen

308. Aufgabe

Seit Januar 1999 ist die Europäische Zentralbank (EZB) für die Geldpolitik in der Europäischen Wirtschafts- und Währungsunion (EWWU) verantwortlich.
Prüfen Sie, welche zutreffende Feststellung sich aus der Grafik über Europas Geldpolitik entnehmen lässt.

1. Die Mindestreserveeinlagen der Geschäftsbanken bei der EZB sind unverzinslich.
2. Durch den Kauf von Wertpapieren von Geschäftsbanken kann die EZB die umlaufende Geldmenge vermindern.
3. Eine wesentliche Refinanzierungsmöglichkeit der Geschäftsbanken ist die Rediskontierung von Handelswechseln bei der EZB.
4. Der europäische „Leitzins" liegt zwischen den Zinssätzen für kurzfristige Überziehungskredite und den Zinsssätzen für kurzfristige Einlagen der Geschäftsbanken bei der EZB.
5. Hohe Mindestreservesätze für die Geschäftsbanken erhöhen die umlaufende Geldmenge.

309. Aufgabe

Ordnen Sie zu, indem Sie die Kennziffern von **2** der insgesamt 5 wirtschaftspoltischen Ziele in die Kästchen bei den entsprechenden Messgrößen eintragen.

Wirtschaftspolitische Ziele

1. Stetiges Wirtschaftswachstum
2. Gerechte Einkommensverteilung
3. Preisniveaustabilität
4. Außenwirtschaftliches Gleichgewicht
5. Hoher Beschäftigungsstand

Messgrößen

Lebenshaltungskostenindex ☐

Arbeitslosenquote ☐

310. Aufgabe

An welchem Kriterium können Sie das volkswirtschaftliche Wachstum ablesen?

1. An der Höhe der Steuereinnahmen des Staates
2. An der Höhe der Nachfrage nach Konsumgütern
3. An der Veränderung des realen Bruttoinlandproduktes
4. An der Veränderung der Zahlungsbilanz
5. An der Veränderung der Handelsbilanz

▶ ☐

Situation zur 311. und 312. Aufgabe

In einer Pressemitteilung lesen Sie:

„Die Inflationsrate ist in den letzten Monaten ständig gestiegen. Zur Sicherheit der Preisstabilität sollte die Europäische Zentralbank schnellstens Maßnahmen ergreifen. Unter anderem muss die umlaufende Geldmenge verringert werden."

311. Aufgabe

Prüfen Sie, welche geldpolitische Maßnahme der Europäischen Zentralbank (EZB) dieser Zielsetzung entspricht.

1. Vergrößerung des Kreditspielraums für Kreditinstitute
2. Anlagemöglichkeit für überschüssige Guthaben der Kreditinstitute in unbegrenzter Höhe zu niedrigem Zinssatz (Einlagefazilität)
3. Herabsetzung der Mindestreservesätze für Kreditinstitute
4. Kauf von Fremdwährungen von Kreditinstituten
5. Kauf von Wertpapieren von Kreditinstituten

▶ ☐

312. Aufgabe

Welche beiden staatlichen Maßnahmen unterstützen die Forderung in der Pressemitteilung?

1. Verringerung der Einkommensteuer für Arbeitnehmer
2. Zahlung von Sparprämien bei Abschluss von Sparverträgen
3. Abschaffung der Körperschaftssteuer für Kapitalgesellschaften
4. Finanzierung zusätzlicher öffentlicher Aufträge durch Kreditaufnahme
5. Erhöhung der Abschreibungssätze für Anlagegüter
6. Erhöhung der Steuersätze für Luxusgüter

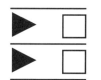

▶ ☐
▶ ☐

Grundzüge der Wirtschaftspolitik in der sozialen Marktwirtschaft

Situation zur 313. Aufgabe

Das Gehalt einer leitenden Angestellten betrug am 1. Juni 4.500,00 EUR und am 31. Mai des folgenden Jahres 4.725,00 EUR. Im gleichen Zeitraum stiegen die Lebenshaltungskosten um 2 %.

313. Aufgabe

Welche Feststellung über das Realeinkommen ist in diesem Zusammenhang zutreffend?

1. Das Realeinkommen entspricht dem Nettogehalt der Angestellten am 1. Juni.
2. Das Realeinkommen entspricht dem Nettogehalt der Angestellten am 31. Mai des folgenden Jahres.
3. Das Realeinkommen hat sich um 5 % erhöht.
4. Das Realeinkommen hat sich um 2 % erhöht.
5. Das Realeinkommen entspricht der Kaufkraft des Nettoeinkommens der Angestellten. Auch unter Berücksichtigung der Preissteigerung ist es gestiegen.

314. Aufgabe

Was versteht man unter dem Begriff „Preisindex" für die Lebenshaltungskosten?

1. Einen allgemeinen Preisvergleich innerhalb eines Landes und innerhalb eines Jahres
2. Die Preissteigerungen bezogen auf alle produzierten Güter und Dienstleistungen
3. Den Herstellungs- bzw. Erzeugerpreis bei Lebensmitteln
4. Den prozentualen Preisvergleich bestimmter Warengruppen über mehrere Jahre, wobei ein bestimmtes Jahr mit 100 % zugrunde gelegt wird
5. Einen Preisvergleich zwischen den Ländern der EU

315. Aufgabe

Prüfen Sie, welche Feststellung über die Kaufkraft des Geldes zutrifft.

1. Die Kaufkraft des Geldes ist der Wert, der auf einer Münze oder Banknote aufgedruckt ist.
2. Die Kaufkraft des Geldes wird am Goldpreis gemessen.
3. Die Kaufkraft des Geldes ist das Verhältnis einer Währung zum amerikanischen Dollar.
4. Die Kaufkraft des Geldes hängt von der Entwicklung der Inflationsrate ab.
5. Die Kaufkraft des Geldes wird an den Gold- und Devisenvorräten der jeweiligen Notenbank gemessen.

316. Aufgabe

Prüfen Sie, welche Feststellung über Real- bzw. Nominaleinkommen zutreffend ist.

1. Das Realeinkommen sinkt, wenn die Preise sinken.
2. Bleibt das Nominaleinkommen unverändert, steigt bei steigenden Preisen das Realeinkommen.
3. Wenn das Nominaleinkommen steigt, muss grundsätzlich auch das Realeinkommen steigen.
4. Wenn die Preise im gleichen Verhältnis fallen wie das Nominaleinkommen fällt, bleibt das Realeinkommen gleich.
5. Preisänderungen haben auf das Verhältnis von Realeinkommen zu Nominaleinkommen keinen Einfluss.

317. Aufgabe

Prüfen Sie, welche Feststellung über die Kaufkraft des Geldes bei Änderungen des Preisniveaus richtig ist.

1. Bei steigendem Preisniveau steigt der Geldwert.
2. Bei fallendem Preisniveau fällt der Geldwert.
3. Bei fallendem Preisniveau steigt der Geldwert.
4. Bei steigendem Preisniveau bleibt der Geldwert gleich.
5. Bei fallendem Preisniveau bleibt der Geldwert gleich.

318. Aufgabe

Prüfen Sie, welche Feststellung über die Zahlungsbilanz zutrifft.

1. Die Zahlungsbilanz stellt die Güterbewegungen zwischen Inland und Ausland dar.
2. Die Zahlungsbilanz stellt die Güterbewegungen und Dienstleistungen zwischen Inland und Ausland dar.
3. Die Zahlungsbilanz stellt die Entwicklung des Kapitalverkehrs zwischen Inland und Ausland dar.
4. Die Zahlungsbilanz stellt die Transaktion von Gold- und Devisenbeständen zwischen Inland und Ausland dar.
5. Die Zahlungsbilanz stellt alle wirtschaftlichen Transaktionen zwischen Inland und Ausland dar.

---

319. Aufgabe

Ordnen Sie zu, in dem Sie die Kennziffern von **2** der insgesamt 5 Begriffe aus dem Bereich der Außenwirtschaft in die Kästchen bei den entsprechenden Erklärungen eintragen.

Begriffe	Erklärungen
1. Export	
2. Dienstleistungsverkehr	Ein ausländischer Arbeitnehmer überweist von seinem in Deutschland verdienten Lohn einen Teil an seine Familie in Rumänien. ☐
3. Kapitalverkehr	
4. Devisenverkehr	
5. Übertragungsverkehr	Eine deutsche Bank gewährt einem polnischen Bauunternehmer einen längerfristigen Kredit. ☐

---

320. Aufgabe

Ordnen Sie zu, indem Sie die Kennziffern von **3** der insgesamt 7 volkswirtschaftlichen Bilanzen in die Kästchen bei den entsprechenden Erklärungen eintragen.

Volkswirtschaftliche Bilanzen	Erklärungen
1. Zahlungsbilanz	
2. Handelsbilanz	Die Bilanz weist die Veränderungen der Forderungen und Verbindlichkeiten gegenüber ausländischen Volkswirtschaften aus. ☐
3. Dienstleistungsbilanz	
4. Übertragungsbilanz	
5. Leistungsbilanz	In der Bilanz wird die Veränderung der Devisen- und Goldbestände in einer Abrechnungsperiode bei der Zentralbank ausgewiesen. ☐
6. Kapitalbilanz	
7. Devisenbilanz	Die Bilanz ist die Gegenüberstellung aller exportierten und importierten Waren. ☐

---

321. Aufgabe

Prüfen Sie, welche wirtschaftlichen Tatbestände eine passive Zahlungsbilanz für die Bundesrepublik Deutschland begünstigen.

1. Ausgaben ausländischer Touristen in der Bundesrepublik Deutschland
2. Gewinnabführungen ausländischer Tochtergesellschaften an ihre deutschen Muttergesellschaften
3. Investitionen ausländischer Unternehmen in der Bundesrepublik
4. Erhöhung der Exporte der Bundesrepublik
5. Ausgaben deutscher Touristen im Ausland

---

322. Aufgabe

Prüfen Sie, welche Maßnahme zu einer Schwächung des Exports eines Landes führen kann.

1. Der Staat erhöht die Exportgarantien
2. Die Inlandswährung wird abgewertet.
3. Inländer kaufen verstärkt ausländische Wertpapiere.
4. Die Inflationsrate steigt im Inland stärker als im Ausland.
5. Die Lohnstückkosten steigen im Inland weniger stark als im Ausland.

323. Aufgabe

Der Kurs für 100 Yen ist innerhalb eines Jahres an der Frankfurter Devisenbörse stark zurückgegangen.

Prüfen Sie, in welcher Zeile die Auswirkungen auf Importe aus Japan und auf Reisen japanischer Touristen nach Deutschland unter sonst gleichen Bedingungen richtig zugeordnet sind und tragen Sie die entsprechende Kennziffer in das Kästchen ein.

	Importe aus Japan	Reisen japanischer Touristen nach Deutschland
1.	werden erschwert	werden teurer
2.	werden erleichtert	werden billiger
3.	keine Auswirkungen	werden billiger
4.	werden erleichtert	werden teurer
5.	werden erschwert	keine Auswirkungen

Informationen zur 324. und 325. Aufgabe

Außenwirtschaftliche Maßnahmen der Bundesregierung bzw. der Europäischen Union (EU) haben verschiedene volkswirtschaftliche Auswirkungen.

324. Aufgabe

Stellen Sie fest, bei welcher Kennziffer der Zusammenstellung außenwirtschaftlicher Maßnahmen alle angegebenen wirtschaftspolitischen Maßnahmen dazu beitragen, Handelsbilanzüberschüsse abzubauen.

Zusammenstellung außenwirtschaftlicher Maßnahmen auf europäischer Ebene

	Einfuhrkontingente	Importzölle	Änderung des Wechselkurses des Euro
1.	erhöhen	senken	Abwertung
2.	erhöhen	senken	Aufwertung
3.	senken	senken	Abwertung
4.	senken	senken	Aufwertung
5.	senken	erhöhen	Abwertung
6.	senken	erhöhen	Aufwertung

---

325. Aufgabe

Stellen Sie fest, bei welcher Kennziffer der Zusammenstellung außenwirtschaftlicher Maßnahmen alle angegebenen wirtschaftspolitischen Maßnahmen dazu beitragen, Devisenüberschüsse zu erzielen.

Zusammenstellung außenwirtschaftlicher Maßnahmen auf europäischer Ebene

	Einfuhrkontingente	Importzölle	Änderung des Wechselkurses des Euro
1.	erhöhen	senken	Abwertung
2.	erhöhen	senken	Aufwertung
3.	senken	senken	Abwertung
4.	senken	senken	Aufwertung
5.	senken	erhöhen	Abwertung
6.	senken	erhöhen	Aufwertung

Situation zur 326. und 327. Aufgabe

Sie lesen in einem Bericht folgende Zahlen zur Einkommensbildung:

	Milliarden EUR
Volkseinkommen insgesamt	2.500
Bruttoeinkommen aus unselbstständiger Arbeit	1.800
Bruttoeinkommen aus Unternehmertätigkeit	400
Bruttoeinkommen aus Vermögen	300
Sparbetrag der privaten Haushalte	350

326. Aufgabe

Wie viel Prozent beträgt die Lohnquote?

Tragen Sie das Ergebnis in das Kästchen ein.

%

327. Aufgabe

Wie viel Prozent beträgt die Sparquote?

Tragen Sie das Ergebnis in das Kästchen ein.

%

328. Aufgabe

Prüfen Sie, welche zwei Feststellungen über ständige Fazilitäten zutreffen.

1. Sie stecken die Ober- und Untergrenze der Geldmarktsätze für Tagesgelder ab.
2. Sie dienen dazu, langfristig bei den nationalen Zentralbanken Guthaben anzulegen.
3. Sie können von den zugelassenen Geschäftspartnern nicht auf eigene Initiative, sondern nur mit besonderer Genehmigung der EZB in Anspruch genommen werden.
4. Die Spitzenrefinanzierungsfazilität wird von den Geschäftspartnern genutzt, um bei den nationalen Zentralbanken Guthaben für 8 Tage anzulegen.
5. Die Einlagefazilität wird von den Geschäftspartneren genutzt, um bei den nationalen Zentralbanken Guthaben bis zum nächsten Geschäftstag anzulegen. ▶ ☐
6. Die Einlagefazilität bildet im Allgemeinen die Obergrenze des Tagesgeldsatzes, die Spitzenrefinanzierungsfazilität die Untergrenze des Tagesgeldsatzes. ▶ ☐

329. Aufgabe

Welche geldpolitischen Maßnahmen können die unten stehenden Auswirkungen haben? (Nicht genannte Einflussgrößen bleiben unverändert.)

Geldpolitische Maßnahmen

1. Die EZB erhöht die Zinssätze für ständige Fazilitäten.
2. Die EZB senkt den Mindestreservesatz.

Tragen Sie die Ziffer vor der jeweils zutreffenden geldpolitischen Maßnahme in das Kästchen ein.

Auswirkungen

Die Liquidität der Banken sinkt. ☐

Die Kreditnachfrage steigt. ☐

Die Konsumnachfrage steigt. ☐

Das allgemeine Zinsniveau steigt. ☐

330. Aufgabe

Welche richtige Erklärung lässt sich aus der Grafik über die Veränderungen der Investitionen in den Jahren 1–14 und die Veränderungen der Zahl der Arbeitsplätze im gleichen Zeitraum ableiten?

1. Zwischen der Entwicklung der Zahl der Arbeitsplätze und der Höhe der Investitionen ist in den Jahren 1–14 kein Zusammenhang erkennbar.
2. Investitionen und Arbeitsplätze haben sich in den angegebenen Jahren prozentual jeweils in gleichem Maße verändert.
3. In allen Jahren, in denen die Investitionen gegenüber dem Vorjahr zugenommen haben, hat sich auch die Zahl der Arbeitsplätze gegenüber dem Vorjahr erhöht.
4. Im 6. Jahr haben sich die Investitionen gegenüber dem Vorjahr real nicht erhöht. Auch die Zahl der Arbeitsplätze ist gleichgeblieben.
5. Zwischen der Entwicklung der Investitionen und der Veränderung der Zahl der Arbeitsplätze besteht in den angegebenen Jahren tendenziell ein enger Zusammenhang.

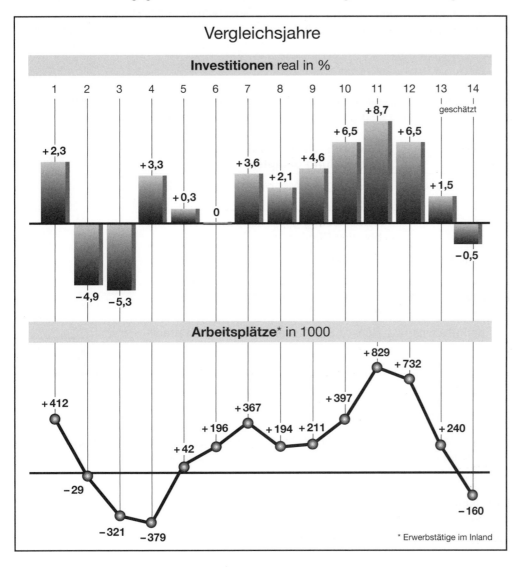

331. Aufgabe

In der sozialen Marktwirtschaft greift der Staat durch Gesetze und Verordnung korrigierend in das Wirtschaftsgeschehen ein.
Welche Maßnahme gehört <u>nicht</u> zur staatlichen Umverteilungspolitik?

1. Staatliche Zuschüsse für den sozialen Wohnungsbau
2. Regelungen zum Verbraucherschutz
3. Sparzulagen für vermögenswirksame Leistungen
4. Kindergeldzahlungen
5. Zahlung von Wohngeld

332. Aufgabe

Prüfen Sie, welche Feststellung zur Steuerpolitik zutrifft.

1. Eine gerechte Besteuerung der Einkommen wird durch einen proportionalen Tarif mit zusätzlichen Steuererleichterungen angestrebt.
2. Eine gerechte Besteuerung der Einkommen wird durch die Kombination von Grundfreibetrag, Proportionaltarif und anschließendem progressiven Tarif angestrebt.
3. Tarifliche Lohn- und Gehaltserhöhungen führen in keinem Fall zu einem Anstieg der relativen Steuerbelastung.
4. Steuerpolitik ist für staatliche Umverteilungspolitik nicht geeignet.
5. Steuervergünstigungen haben für alle Einkommensbezieher die gleiche Auswirkung.

Situation zur 333. und 334. Aufgabe

Sowohl Inflation als auch Deflation bedeuten eine Störung des gesamtwirtschaftlichen Gleichgewichtes. Beurteilen Sie die verschiedenen Faktoren hinsichtlich ihrer Auswirkungen auf inflationäre bzw. deflatorische Entwicklungen.

333. Aufgabe

Prüfen Sie, in welcher Zeile die Faktoren hinsichtlich ihrer beschleunigenden bzw. dämpfenden Auswirkung auf eine inflationäre Entwicklung richtig zugeordnet sind und tragen Sie diese Kennziffer in das Kästchen ein.

Faktoren, die eine inflationäre Entwicklung beschleunigen	Faktoren, die eine inflationäre Entwicklung dämpfen
1. Erhöhung des Grundfreibetrages bei der Einkommensteuer	Erhöhung der Mehrwertsteuer
2. Senkung der Mehrwertsteuer	Verschiebung geplanter Investitionsvorhaben des Staates
3. Banken räumen erheblich mehr Kredite ein	Wegfall von Steuervergünstigungen für die Wirtschaft
4. Wegfall von Steuervergünstigungen für Arbeitnehmer	Erhöhung der Mindestreservesätze bei der Zentralbank
5. Lohnerhöhungen, die über der Inflationsrate und über dem Produktivitätszuwachs liegen	Höhere Staatsverschuldung durch Kreditaufnahme

---

334. Aufgabe

Prüfen Sie, in welcher Zeile die Faktoren hinsichtlich ihrer beschleunigenden bzw. dämpfenden Auswirkung auf eine deflatorische Entwicklung richtig zugeordnet sind und tragen Sie die entsprechende Kennziffer in das Kästchen ein.

Faktoren, die eine deflatorische Entwicklung beschleunigen	Faktoren, die eine deflatorische Entwicklung dämpfen
1. Erhöhung staatlicher Zuschüsse für den sozialen Wohnungsbau	Senkung der Mindestreservesätze bei der Zentralbank
2. Erhöhung des Kindergeldes	Finanzierung vorgezogener und zusätzlicher staatlicher Investitionen durch Kredite
3. Erhöhung der Mindestreservesätze bei der Zentralbank	Einschränkung der Krediteinräumung durch Banken
4. Deutlicher Rückgang der Nachfrage nach Konsumgütern	Lohnerhöhungen, die über dem Inflationsausgleich und über dem Produktivitätszuwachs liegen
5. Deutlich geringere Investitionstätigkeit der Wirtschaft	Senkung des Grundfreibetrages bei der Einkommensteuer

Situation zur 335. bis 339. Aufgabe

In unten stehender Abbildung wird der Konjunkturverlauf innerhalb eines Konjunkturzyklus dargestellt. Beantworten Sie mithilfe der Abbildung die folgenden Fragen.

Abbildung zur 335. bis 339. Aufgabe

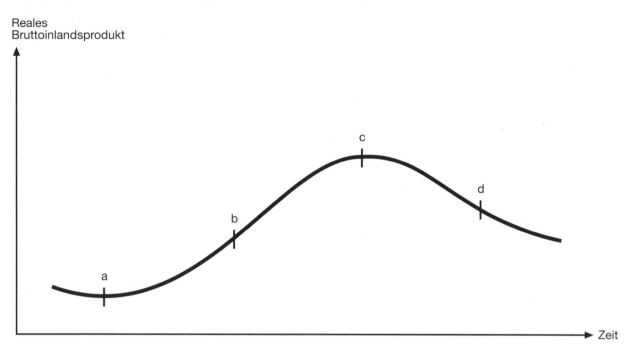

335. Aufgabe

Wie wird in der Abbildung der Punkt a bezeichnet?

1. Expansion
2. Hochkonjunktur
3. Boom
4. Depression
5. Rezession

336. Aufgabe

Welche Konjunkturphase ist richtig beschrieben?

1. Im Punkt a ist die Zahl offener Stellen am Arbeitsmarkt sehr niedrig.
2. In Punkt b sinken die Preise bei fallender Nachfrage.
3. Im Punkt c sind bei niedrigem Preisniveau und großer Nachfrage alle freien Arbeitsplätze besetzt.
4. In Punkt d fallen bei steigender Nachfrage und hohem Beschäftigungsniveau die Preise.
5. Im Punkt b ist bei steigender Nachfrage mit ansteigenden Preisen zu rechnen.

337. Aufgabe

Prüfen Sie, welche Feststellung auf die Konjunkturphase im Bereich des Punktes d zutrifft.

1. Die Produktionserwartungen im verarbeitenden Gewerbe steigen.
2. Die Nachfrage der inländischen Verbraucher nimmt zu.
3. Die Gewinnerwartungen der Unternehmer steigen.
4. Die Auftragseingänge im verarbeitenden Gewerbe sind rückläufig.
5. Es werden mehr Baugenehmigungen erteilt.
6. Die Aktienkurse steigen stark an.

338. Aufgabe

Welche konjunkturpolitische Maßnahme ist im Punkt a sinnvoll?

1. Erhöhung der Mineralölsteuer
2. Erhöhung der staatlichen Investitionen
3. Senkung der Abschreibungssätze für Produktionsgüter
4. Erhöhung der Zinsen für Kredite
5. Senkung der staatlichen Zuschüsse für Existenzgründungen

---

339. Aufgabe

Welche Erklärung ist für konjukturelle Schwankungen zutreffend?

1. Es handelt sich um kurzfristige Beschäftigungsschwankungen.
2. Es handelt sich um mittelfristig rhythmisch wiederkehrende Schwankungen des Wirtschaftsablaufs.
3. Es handelt sich um unterschiedliche Entwicklungstendenzen einzelner Wirtschaftsregionen.
4. Es handelt sich um Phasen steigender Konsumgüternachfrage.
5. Es handelt sich um strukturbedingte langfristige Störungen des Wirtschaftsablaufs.

---

340. Aufgabe

In der unten stehenden Grafik sind Entwicklungen der Weltkonjunktur seit dem Jahre 1800 dargestellt. Prüfen Sie, welche richtige Erklärung sich aus der Grafik ableiten lässt.

1. Die Grafik zeigt die Auswirkungen staatlicher Maßnahmen auf die Konjunkturentwicklung.
2. Die Grafik zeigt den Umfang der Erfindungen und des technischen Fortschritts in den jeweils angegebenen Zeiträumen.
3. Die Grafik zeigt die Entwicklung des Bruttosozialprodukts von 1800 bis 2000.
4. Die Grafik zeigt den Einfluss des technischen Fortschrittes auf das Wirtschaftswachstum.
5. Die Grafik zeigt den Lebenszyklus unserer wichtigsten Erzeugnisse.

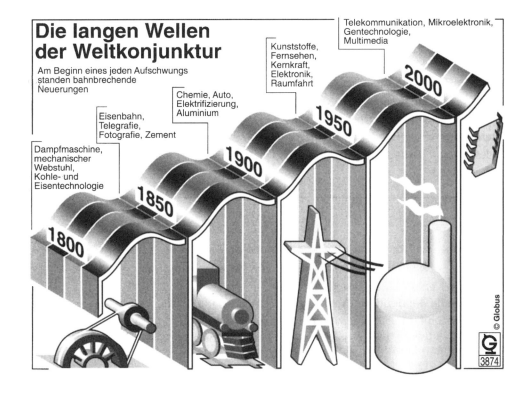

Grundzüge der Wirtschaftspolitik in der sozialen Marktwirtschaft

Situation zur 341. bis 344. Aufgabe

Die volkswirtschaftliche Abteilung eines multinationalen Konzerns beschäftigt sich u. a. mit Konjunkturprognosen für den EWU-Raum. Dabei ist es wichtig, geeignete Indikatoren zu finden, die für die Beurteilung der Konjunkturaussichten in den einzelnen Wirtschaftssektoren geeignet sind.

341. Aufgabe

Stellen Sie fest, welcher Frühindikator zur Vorhersage der Konsumgüternachfrage besonders geeignet ist.

1. Zahl der Auftragseingänge
2. Entwicklung des Verbrauchervertrauens
3. Entwicklung der offenen Stellen am Arbeitsmarkt
4. Zahl der Arbeitslosen
5. Zinsentwicklung
6. Zahl der Baugenehmigungen

342. Aufgabe

Stellen Sie fest, welche Indikatoren zur Vorhersage der Entwicklung auf den Finanzmärkten besonders geeignet sind.

1. Zahl der Baugenehmigungen
2. Zahl der Arbeitslosen
3. Produktionserwartungen
4. Entwicklung des Aktienindex
5. Entwicklung des Verbrauchervertrauens
6. Zahl der offenen Stellen am Arbeitsmarkt
7. Geldmengenwachstum

343. Aufgabe

Stellen Sie fest, welcher Frühindikator zur Vorhersage der Entwicklung im verarbeitenden Gewerbe besonders geeignet ist.

1. Zahl der Baugenehmigungen
2. Entwicklung des Verbrauchervertrauens
3. Zahl der Auftragseingänge
4. Zinsentwicklung
5. Geldmengenwachstum
6. Zahl der offenen Stellen am Arbeitsmarkt

344. Aufgabe

Stellen Sie fest, welcher Indikator spät auf die Entwicklung der Konjunktur reagiert.

1. Zinsentwicklung
2. Geldmengenwachstum
3. Zahl der Arbeitslosen
4. Zahl der offenen Stellen am Arbeitsmarkt
5. Steueraufkommen
6. Entwicklung des Aktienindex

345. Aufgabe

Zur Erhöhung der Staatseinnahmen wird eine Anhebung des Mehrwertsteuersatzes beschlossen.
Prüfen Sie, welcher Konjunkturindikator auf diese Maßnahme <u>sofort</u> reagiert.

1. Geschäftsklima-Index
2. Wirtschaftswachstum
3. Zahlungsbilanz
4. Verbraucherpreise
5. Arbeitslosenquote
6. Lohnquote

▶ ☐

---

346. Aufgabe

Stellen Sie fest, in welchem Fall es sich um strukturelle Arbeitslosigkeit handelt.

1. Erwerbstätige scheiden freiwillig vorzeitig aus dem Erwerbsprozess aus, melden sich aber nicht arbeitslos, weil der Lebensunterhalt durch eine Rente gesichert ist.
2. Kurzfristige Arbeitslosigkeit durch Wechsel von einem Arbeitgeber zum anderen.
3. Die Arbeitslosigkeit entsteht durch eine generelle Abschwächung der konjunkturellen Entwicklung.
4. Arbeitnehmer im Bergbau werden entlassen, da der Bedarf und die Absatzmöglichkeiten von Kohle erheblich zurückgegangen sind.
5. Arbeitnehmer in fast allen Wirtschaftszweigen werden in Kurzarbeit beschäftigt, behalten aber ihren Arbeitsplatz.

▶ ☐

---

347. Aufgabe

Ordnen Sie zu, indem Sie die Kennziffern von **2** der insgesamt 5 Gründe für Arbeitslosigkeit in die Kästchen zu den Arten der Arbeitslosigkeit eintragen.

Gründe für Arbeitslosigkeit

1. Kurzfristige Übergangsschwierigkeiten (z. B. beim Arbeitsplatzwechsel)
2. Sinkende Investitionsneigung der Unternehmer in allen Wirtschaftszweigen und starker Produktionsrückgang; Rückgang der Verbrauchernachfrage (zyklische Schwankungen)
3. Jahreszeitliche Einflüsse (z. B. im Baugewerbe)
4. Monatliche Schwankungen (z. B. im Gemüsegroßhandel)
5. Niedergang einer Branche (z. B. Krise in der Stahlindustrie)

Arten der Arbeitslosigkeit

Strukturelle Arbeitslosigkeit ☐

Konjunkturelle Arbeitslosigkeit ☐

---

348. Aufgabe

Ordnen Sie zu, indem Sie die Kennziffern von **3** der insgesamt 7 Erläuterungen wirtschaftlicher Sachverhalte in die Kästchen bei den entsprechenden Begriffen eintragen.

Wirtschaftliche Sachverhalte

1. Recht zum freien und unbeschränkten Umtausch einer Währung in die andere
2. Konjunkturphase, in der das Wachstum des realen Bruttoinlandsproduktes deutlich zurückgeht
3. Konjunkturphase, in der das Wachstum des realen Bruttoinlandsproduktes zum Stillstand gekommen ist
4. Gleichzeitiges aufeinander abgestimmtes Verhalten der Gebietskörperschaften, Gewerkschaften und Unternehmerverbände zur Erreichung der gesamtwirtschaftlichen Ziele
5. Konjunkturphase, in der die Arbeitslosenquote deutlich zurückgeht
6. System staatlicher Einzeleingriffe in den Wirtschaftsablauf
7. Konjunkturphase, in der die Preise ansteigen

Begriffe

Konzertierte Aktion ☐

Stagnation ☐

Konvertibilität ☐

349. Aufgabe

Prüfen Sie, welche Maßnahme in der Regel zur Inflation führt.

1. Übermäßige Besteuerung der Unternehmungen
2. Übermäßige Kreditgewährung an die Wirtschaft
3. Übermäßige Besteuerung der Arbeitnehmer
4. Erweiterung des Handelsvolumens durch mengenmäßigen Importüberschuss
5. Übermäßige Einschränkungen der Staatsausgaben für öffentliche Investitionen

---

350. Aufgabe

Prüfen Sie, welches Merkmal in der Regel auf den Begriff Deflation zutrifft.

1. Die Preise steigen schnell.
2. Die Arbeitskräfte sind knapp.
3. Die Produktion von Gütern geht längerfristig und nachhaltig zurück.
4. Die Lieferfristen sind wegen der hohen Beschäftigung lang.
5. Die Tarifabschlüsse der Sozialpartner sind hoch.

---

351. Aufgabe

Prüfen Sie, welche Erklärung zur „importierten Inflation" zutreffend ist.

1. Importierte Inflation entsteht, wenn bei festen Wechselkursen die Nachfrage des Auslandes so stark ist, dass das inländische Preisniveau ansteigt.
2. Importierte Inflation entsteht durch die Aufwertung des Euro.
3. Importierte Inflation entsteht durch steigende Nachfrage der privaten Haushalte einer Volkswirtschaft.
4. Importierte Inflation entsteht bei hohen Importüberschüssen.
5. Importierte Inflation entsteht durch eine passive Handelsbilanz.

---

352. Aufgabe

Prüfen Sie, welche beiden Phasen der Konjunkturentwicklung den entsprechenden Konjunkturindikatoren richtig zugeordnet sind.

Konjunkturphasen	Konjunkturindikatoren
1. Depression (Tiefstand)	steigende Güterpreise, sinkende Investitionsneigung
2. Expansion (Aufschwung)	Rückgang der Arbeitslosigkeit, steigende Preise
3. Boom (Hochkonjunktur)	große Nachfrage nach Gütern, Stilllegung von Produktionsanlagen
4. Rezession (Abschwung)	pessimistische Beurteilung der Wirtschaftslage, fehlende Investitionen
5. Depression (Tiefstand)	hohes Zinsniveau, geringe Gewinnerwartungen
6. Expansion (Aufschwung)	überfüllte Lager, erhöhte Produktion

Seit 1. Januar 1999 übernimmt die Europäische Zentralbank (EZB) nach dem EG-Vertrag entscheidende Verantwortung für die wirtschaftliche Entwicklung in der Europäischen Wirtschafts- und Währungsunion (EWWU bzw. WWU).

Beantworten Sie die folgenden Fragen mithilfe des unten stehenden Auszuges aus dem EG-Vertrag.

Vertrag zur Gründung der Europäischen Gemeinschaft (EG) (Auszug)

Art. 2 [Aufgabe der Gemeinschaft] Aufgabe der Gemeinschaft ist es, durch die Errichtung eines Gemeinsamen Marktes und einer Wirtschafts- und Währungsunion sowie durch die Durchführung der in den Artikeln 3 und 3a genannten gemeinsamen Politiken oder Maßnahmen eine harmonische und ausgewogenen Entwicklung des Wirtschaftslebens innerhalb der Gemeinschaft, ein beständiges, nichtinflationäres und umweltverträgliches Wachstum, einen hohen Grad an Konvergenz der Wirtschaftsleistungen, ein hohes Beschäftigungsniveau, ein hohes Maß an sozialem Schutz, die Hebung der Lebenshaltung und der Lebensqualität, den wirtschaftlichen und sozialen Zusammenhalt und die Solidarität zwischen den Mitgliedstaaten zu fördern.

Art. 4a [Europäisches System der Zentralbanken] Nach den in diesem Vertrag vorgesehenen Verfahren werden ein Europäisches System der Zentralbanken (im folgenden als „ESZB" bezeichnet) und eine Europäische Zentralbank (im folgenden als „EZB" bezeichnet) geschaffen, die nach Maßgabe der Befugnisse handeln, die ihnen in diesem Vertrag und der beigefügten Satzung des ESZB und der EZB (im folgenden als „Satzung des ESZB" bezeichnet) zugewiesen werden.

Art. 105 [Ziele und Aufgaben des ESZB] (1) Das vorrangige Ziel des ESZB ist es, die Preisstabilität zu gewährleisten. Soweit dies ohne Beeinträchtigung des Zieles der Preisstabilität möglich ist, unterstützt das ESZB die allgemeine Wirtschaftspolitik in der Gemeinschaft, um zur Verwirklichung der in Artikel 2 festgelegten Ziele der Gemeinschaft beizutragen. Das ESZB handelt im Einklang mit dem Grundsatz einer offenen Marktwirtschaft mit freiem Wettbewerb, wodurch ein effizienter Einsatz der Ressourcen gefördert wird. und hält sich dabei an die in Artikel 3a genannten Grundsätze.

(2) Die grundlegenden Aufgaben des ESZB bestehen darin,
– die Geldpolitik der Gemeinschaft festzulegen und auszuführen,
– Devisengeschäfte im Einklang mit Artikel 109 durchzuführen,
– die offiziellen Währungsreserven der Mitgliedstaaten zu halten und zu verwalten,
– das reibungslose Funktionieren der Zahlungssysteme zu fördern.

Art. 105a [Ausgabe von Banknoten und Münzen] (1) Die EZB hat das ausschließliche Recht, die Ausgabe von Banknoten innerhalb der Gemeinschaft zu genehmigen. Die EZB und die nationalen Zentralbanken sind zur Ausgabe von Banknoten berechtigt. Die von der EZB und den nationalen Zentralbanken ausgegebenen Banknoten sind die einzigen Banknoten, die in der Gemeinschaft als gesetzliches Zahlungsmittel gelten.

(2) Die Mitgliedstaaten haben das Recht zur Ausgabe von Münzen, wobei der Umfang dieser Ausgabe der Genehmigung durch die EZB bedarf.

Art. 106 [Zusammensetzung des ESZB; Rechtspersönlichkeit] (1) Das ESZB besteht aus der EZB und den nationalen Zentralbanken.

(2) Die EZB besitzt Rechtspersönlichkeit.

(3) Das ESZB wird von den Beschlussorganen der EZB, nämlich dem EZB-Rat und dem Direktorium, geleitet.

Art. 109a [EZB-Rat] (1) Der EZB-Rat besteht aus den Mitgliedern des Direktoriums der EZB und den Präsidenten der nationalen Zentralbanken.

(2) a) Das Direktorium besteht aus dem Präsidenten, dem Vizepräsidenten und vier weiteren Mitgliedern.

353. Aufgabe

Für welchen wirtschafts- und finanzpolitischen Aufgabenbereich ist die EZB nach dem EG-Vertrag in der EWWU zuständig und verantwortlich?

1. Finanzpolitik
2. Wettbewerbspolitik
3. Haushaltspolitik
4. Geldpolitik
5. Strukturpolitik

354. Aufgabe

Welches vorrangige Ziel hat die EZB nach dem EG-Vertrag in der EWWU anzustreben?

1. Beständiges umweltverträgliches Wirtschaftswachstum
2. Hohes Beschäftigungsniveau
3. Anhebung des Lebensstandards
4. Preisstabilität
5. Soziale Sicherheit

355. Aufgabe

Am 1. Januar 2002 sind die Euro-Banknoten und -Münzen eingeführt worden.
Welche Feststellung zur Ausgabe der Banknoten und Münzen ist zutreffend?

1. Die Mitgliedstaaten haben das Recht zur Ausgabe von Euro-Münzen (Münzregal) und die alleinige Verantwortung und Entscheidungsbefugnis über den Zeitpunkt und Umfang der Münzausgabe.
2. Über die Ausgabe der deutschen Euro-Banknoten entscheidet die Bundesbank in alleiniger Verantwortung.
3. Die Genehmigung zur Ausgabe von Euro-Banknoten und -Münzen ist das ausschließliche Recht der EZB.
4. Die Euro-Banknoten sind seit Januar 2002 in der Europäischen Union (EU) neben den seitherigen nationalen Zahlungsmitteln ein weiteres gesetzliches Zahlungsmittel.
5. Die Ausgabe von Euro-Banknoten muss von der EU-Kommission in Brüssel genehmigt werden.

356. Aufgabe

Der EZB-Rat ist das wichtigste Entscheidungsgremium im Europäischen System der Zentralbanken (ESZB).
Durch wen sind die Mitgliedstaaten in diesem Gremium vertreten?

1. Durch die Wirtschaftsminister der Mitgliedstaaten
2. Durch die zuständigen EU-Kommissare der Mitgliedsstaaten
3. Durch die Vizepräsidenten der EZB
4. Durch die Direktoriumsmitglieder der EZB
5. Durch die Präsidenten der nationalen Zentralbanken

357. Aufgabe

Als Deflation wird eine Unterversorgung der Wirtschaft mit Geld bezeichnet, d. h., das Preisniveau fällt und damit steigt der Geldwert.
Stellen Sie fest, wodurch eine Deflation entstehen kann.

1. Es werden von den Bürgern verstärkt Sparguthaben abgehoben.
2. Die Konsumgüternachfrage steigt bei gleichbleibendem Angebot.
3. Die europäische Zentralbank (EZB) erhöht die Mindestreservesätze.
4. Die tariflichen Lohnerhöhungen liegen über dem Produktivitätszuwachs.
5. Die Nachfrage nach Investitionsgütern steigt bei gleichbleibendem Angebot.

358. Aufgabe

Prüfen Sie, welche Feststellung über die voraussichtlichen Auswirkungen einer Senkung der Mindestreservesätze durch die EZB richtig ist.

1. Die Kreditschöpfungsmöglichkeiten für Banken im EWWU-Bereich werden kleiner.
2. Die im Umlauf befindliche Geldmenge bleibt gleich.
3. Die im Umlauf befindliche Geldmenge sinkt.
4. Die im Umlauf befindliche Geldmenge steigt.
5. Die Investitionsbereitschaft kann dadurch zurückgehen.
6. Die Maßnahme wirkt sich konjunkturdämpfend aus.

359. Aufgabe

Prüfen Sie, welche Feststellung über die voraussichtlichen Auswirkungen einer Erhöhung der Mindestreservesätze durch die EZB zutreffend ist.

1. Höhere umlaufende Geldmenge
2. Einschränkung der Kreditschöpfungsmöglichkeiten der Banken
3. Höhere Bankenliquidität im EWWU-Bereich
4. Konjunkturbelebende Auswirkung
5. Günstigere Finanzierungsmöglichkeiten für Investitionen
6. Erhöhte Nachfrage nach Konsumgütern durch günstigere Verbraucherkredite

Situation zur 360. Aufgabe

Verschiedene Euro-Indikatoren deuten auf eine erhebliche Abschwächung bei der Konjunkturentwicklung hin. Die Arbeitslosenquote in der EU ist noch relativ hoch.

360. Aufgabe

Prüfen Sie, in welcher Zeile die Änderungen bei allen geldpolitischen Maßnahmen der Europäischen Zentralbank richtig zugeordnet sind, um dieser Entwicklung entgegenzuwirken und tragen Sie diese Kennziffer in das Kästchen ein.

	Mindestreservesätze	Wertpapiere bei Offenmarktgeschäften	Zinssätze bei Offenmarktgeschäften
1.	erhöhen	verkaufen	senken
2.	senken	kaufen	erhöhen
3.	erhöhen	verkaufen	senken
4.	senken	kaufen	senken
5.	erhöhen	kaufen	erhöhen

Situation zur 361. Aufgabe

In fast allen Mitgliedstaaten der EU ist die Inflationsrate deutlich angestiegen. Die Auftragseingänge beim verarbeitenden Gewerbe zeigen stark steigende Tendenz.

361. Aufgabe

Prüfen Sie, in welcher Zeile die Änderungen bei allen geldpolitischen Maßnahmen der Europäischen Zentralbank (EZB) richtig zugeordnet sind, um dieser Entwicklung entgegenzuwirken und tragen Sie die entsprechende Kennziffer in das Kästchen ein.

	Zinssätze bei Offenmarktgeschäften	Mindestreservesätze	Wertpapiere bei Offenmarktgeschäften
1.	senken	senken	verkaufen
2.	erhöhen	senken	kaufen
3.	erhöhen	erhöhen	verkaufen
4.	senken	erhöhen	verkaufen
5.	erhöhen	erhöhen	kaufen

Situation zur 362. Aufgabe

In der Bundesrepublik und einigen anderen EU-Ländern ist die hohe Arbeitslosigkeit ein zentrales wirtschafts- und gesellschaftspolitisches Problem. Bei Maßnahmen zur Bekämpfung der Arbeitslosigkeit auf nationaler Ebene können sich wirtschaftspolitische Zielkonflikte ergeben.

362. Aufgabe

Prüfen Sie, in welcher Zeile Maßnahmen der Bundesregierung und der EZB angegeben sind, die jeweils die Preisstabilität gefährden können.

	Maßnahmen der Bundesregierung	Maßnahmen der Europäischen Zentralbank
1.	Senkung der Einkommensteuer	Einschränkung von Wertpapierpensionsgeschäften
2.	Senkung des Grundfreibetrages bei der Einkommensteuer	Senkung der Mindestreservesätze
3.	Erhöhte Nettokreditaufnahme zur Finanzierung der Steuerreform	Erhöhung der Mindestreservesätze
4.	Erhöhte Kreditaufnahme zur Finanzierung von Staatsaufträgen	Senkung der Zinssätze bei Offenmarktgeschäften
5.	Erhöhte Schuldentilgung aus Haushaltsmitteln	Angebot von Wertpapierpensionsgeschäften zu niedrigeren Zinssätzen

Situation zur 363. bis 368. Aufgabe

Der Staat kann mit seiner Finanz- und Haushaltspolitik die Konjunkturentwicklung erheblich beeinflussen.
Als Teilnehmer/in an einer wirtschaftspolitischen Bildungsveranstaltung sollen Sie die konjunkturellen Auswirkungen finanz- und wirtschaftspolitischer Maßnahmen des Staates unter Berücksichtigung der jeweiligen Wirtschaftslage beurteilen.

363. Aufgabe

Aus aktuellen Konjunkturdaten ergeben sich u. a. eine stark rückläufige Konsumgüternachfrage, stagnierende Preise und eine Arbeitslosenquote von 11 %. Prüfen Sie, in welcher Zeile wachstumsfördernde Maßnahmen des Staates bei der Einnahmen- und Ausgabenpolitik richtig zugeordnet sind und tragen Sie diese Kennziffer in das Kästchen ein.

Maßnahmen bei der Einnahmenpolitik	Maßnahmen bei der Ausgabenpolitik
1. Senkung der Einkommen- und Lohnsteuer	Geringere öffentliche Investitionstätigkeit
2. Senkung der Kilometerpauschale für Arbeitnehmer	Höhere Investitionszulagen für den Aufbau Ost
3. Halbierung des Sparerfreibetrages bei Kapitaleinkünften	Erhöhung der Mietzuschüsse beim Wohngeld
4. Mittelzuführung für die Konjunkturausgleichsrücklage beim Bund und bei den Ländern	Finanzierung zusätzlicher staatlicher Investitionsvorhaben durch höhere Kreditaufnahme
5. Abschaffung des Solidaritätszuschlages	Erhöhung des Kindergeldes

364. Aufgabe

Die Konjunkturdaten weisen einen starken Rückgang der Auftragseingänge bei der Industrie und eine hohe Arbeitslosenzahl aus.
Prüfen Sie, in welcher Zeile konjunkturpolitische Maßnahmen des Staates bei der Einnahmen- und Ausgabenpolitik richtig zugeordnet sind, um dieser Situation entgegenzuwirken, und tragen Sie die entsprechende Kennziffer in das Kästchen ein.

Maßnahmen bei der Einnahmenpolitik	Maßnahmen bei der Ausgabenpolitik
1. Auflösung von Konjunkturausgleichsrücklagen beim Bund und bei den Ländern	Finanzierung zusätzlicher und vorgezogener Staatsaufträge
2. Erhöhung der Abschreibungssätze für Investitionsgüter	Abbau von Subventionen beim Kohlebergbau
3. Senkung der Abschreibungssätze für Investitionsgüter	Verwendung von Einnahmen für zusätzliche Schuldentilgung
4. Erhöhung der Mineralölsteuer	Geringere staatliche Investitionen
5. Zuschlag zur Einkommensteuer (10 %) für ein Jahr	Höhere Investitionszulagen für den Wohnungsbau

365. Aufgabe

Das gesamtwirtschaftliche Gleichgewicht ist durch eine hohe Inflationsrate gestört.
Prüfen Sie, in welcher Zeile konjunkturpolitische Maßnahmen des Staates bei der Einnahmen- und Ausgabenpolitik richtig zugeordnet sind, um dieser Situation entgegenzuwirken, und tragen Sie die entsprechende Kennziffer in das Kästchen ein.

Maßnahmen bei der Einnahmenpolitik	Maßnahmen bei der Ausgabenpolitik
1. Erhöhte Kreditaufnahme durch die Bundesregierung zur Finanzierung öffentlicher Aufträge	Abbau staatlicher Subventionen in der Landwirtschaft und beim Bergbau
2. Geringere Kreditaufnahme durch Bund und Länder als nach den Haushaltsgesetzen geplant	Erhöhung des Kindergeldes
3. Zuschlag zur Einkommensteuer (5%) für ein Jahr	Vergabe zusätzlicher staatlicher Investitionsaufträge
4. Senkung der Importzölle auf europäischer Ebene (EU)	Weniger staatliche Investitionen als ursprünglich geplant
5. Senkung der Abschreibungssätze für Investitionsgüter	Erhöhung der Zulagen für sozialen Wohnungsbau

366. Aufgabe

Mit welcher Maßnahme kann der Staat eine Verringerung der Preissteigerungsrate bewirken?

1. Durch eine Erhöhung der Umsatzsteuer
2. Durch den Kauf von Wertpapieren
3. Durch die Erhöhung der Einkommensteuer
4. Durch die Anpassung der Renten an die Lohnentwicklung
5. Durch eine Erhöhung der öffentlichen Ausgaben

367. Aufgabe

Welche konjunkturpolitische Maßnahme ist in der Regel im Konjunkturabschwung sinnvoll?

1. Erhöhung der indirekten Steuern
2. Erhöhung der direkten Steuern
3. Erhöhung der Abschreibungssätze auf Investionsgüter
4. Erhöhung der Konjunkturausgleichsrücklage des Bundes
5. Senkung staatlicher Subventionen

368. Aufgabe

Welche Maßnahme des Staates kann zu einer Erhöhung des Angebots von Gütern führen?

1. Erhöhung der Einkommensteuer
2. Streichung von Subventionen an Hersteller
3. Verschlechterung der Abschreibungsmöglichkeiten
4. Erhöhung des Körperschaftsteuersatzes
5. Aufhebung von Importkontingenten in Abstimmung mit der EU

369. Aufgabe

Ordnen Sie zu, indem Sie die Kennziffern von **3** der insgesamt 7 finanz- und wirtschaftspolitischen Maßnahmen in die Kästchen bei den hiervon direkt begünstigten Wirtschaftszweigen eintragen.

Finanz- und wirtschaftspolitische Maßnahmen

1. Erhöhung der Umsatzsteuer
2. Senkung der Grunderwerbsteuer
3. Erhöhung der Kilometerpauschale
4. Erhöhung der Mineralölsteuer
5. Ausbau vorhandener Kohlekraftwerke
6. Erhöhung der Konjunkturausgleichsrücklagen
7. Senkung der Nettokreditaufnahme des Bundes

Begünstigte Wirtschaftszweige

Fahrzeugbau ☐

Wohnungsbau ☐

Bergbau ☐

---

370. Aufgabe

Prüfen Sie, welche Feststellung zum Wirtschaftswachstum richtig ist.

1. Quantitatives Wirtschaftswachstum ist zur Erhöhung der Nominaleinkommen der Arbeitnehmer notwendig.
2. Quantitatives Wirtschaftswachstum ist für eine gerechte Einkommensverteilung notwendig.
3. Je stärker das reale Bruttoinlandsprodukt steigt, desto größer ist auch immer das qualitative Wirtschaftswachstum.
4. Qualitatives Wirtschaftswachstum hat immer in gleichem Maße eine Verminderung des quantitativen Wirtschaftswachstums zur Folge.
5. Quantitatives und qualitatives Wirtschaftswachstum sind zur Steigerung der Realeinkommen der Arbeitnehmer und zur Erhaltung einer lebenswerten Umwelt notwendig.

---

371. Aufgabe

Stellen Sie fest, welche richtige Erklärung sich aus unten stehender Grafik über Vorkommen von Energierohstoffen ableiten lässt.

1. In der Grafik ist der Rohstoffverbrauch in den verschiedenen Erdteilen angegeben.
2. Etwa 70 % der weltweiten Ölvorräte und der Erdgasreserven befinden sich im Nahen Osten und in Osteuropa.
3. Die höchsten wirtschaftlich gewinnbaren Kohlereserven befinden sich in Osteuropa.
4. Von den Energierohstoffen in Westeuropa hat die Kohle den relativ geringsten Anteil.
5. Mehr als die Hälfte der in Westeuropa lagernden Kohlereserven liegen in Deutschland.

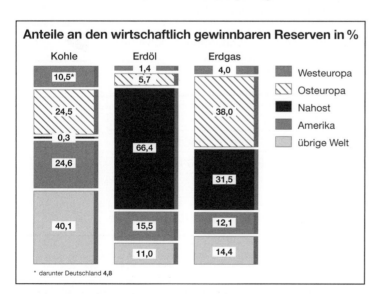

Situation zur 372. und 373. Aufgabe

In einem Artikel über Probleme und Auswirkungen des technischen Fortschrittes und der Rationalisierung finden Sie unten stehende Angaben zur Auswertung.

372. Aufgabe

Prüfen Sie, welche Feststellung über die nachstehenden Zahlen aus dem Bereich der Wirtschaft (Vergleichszeitraum 8 Jahre) zutrifft.

1. Aus der Entwicklung des Bruttoinlandsproduktes und der Zahl der Erwerbstätigen ergibt sich eine immer höhere Wirtschaftsleistung je Arbeitskraft.
2. Zwischen dem Anstieg der Arbeitslosenzahlen und der gestiegenen Wirtschaftsleistung je Erwerbstätigen gibt es keinen Zusammenhang.
3. Der wertmäßige Anstieg des Bruttoinlandsproduktes im Vergleichszeitraum ist vor allem auf Preissteigerungen zurückzuführen.
4. Zwischen den Veränderungen der Zahl der Erwerbstätigen und der Zahl der Arbeitslosen gibt es keinen Zusammenhang.
5. Die Zahl der Erwerbstätigen hat sich prozentual etwa in gleichem Maße verändert wie die Zahl der Arbeitslosen.

Vergleichsjahre	erstes Jahr	letztes Jahr
Bruttoinlandsprodukt (in Preisen des Basisjahres)	1.460 Mrd. EUR	1.605 Mrd. EUR
Zahl der Erwerbstätigen	36,5 Mio.	34,1 Mio.
Zahl der Arbeitslosen	2,6 Mio	4,3 Mio.

---

373. Aufgabe

Welche richtige Erklärung lässt sich aus den nachstehenden Zahlen über den Kapitaleinsatz (Vergleichszeitraum 40 Jahre) ableiten?

1. Der Kapitaleinsatz zur Produktion von Gütern und Dienstleistungen jeweils im Wert von 500.000,00 EUR hat sich in dem dargestellten Zeitraum zu vergleichbaren Preisen etwa verdoppelt.
2. Die Zahl der Arbeitskräfte, die zur Produktion der Güter und Dienstleistungen nötig waren, hat sich im Berichtszeitraum halbiert.
3. In der zweiten Hälfte des Berichtszeitraums ist der Kapitaleinsatz zur Produktion der gleichen Gütermenge stärker gestiegen als in der ersten Hälfte.
4. Die Zahl der Arbeitskräfte, die für die Erzeugung der gleichen Güter- und Dienstleistungsmenge nötig ist, sinkt durch den verstärkten Einsatz von Maschinen, die immer leistungsfähiger werden.
5. In der ersten Hälfte des Berichtszeitraumes ist die zur Produktion der Gütermenge notwendige Zahl von Arbeitskräften nicht so stark zurückgegangen wie in der zweiten Hälfte.

Kapitaleinsatz für die Produktion von Gütern und Dienstleistungen im Wert von 500 Tsd. EUR (zu Preisen des Basisjahres)			
Vergleichsjahre	erstes Jahr	nach 20 Jahren	letztes Jahr
Produktionsanlagen im Wert von	1,9 Mio EUR	2,4 Mio EUR	2,6 Mio EUR
Zahl der Arbeitskräfte	26	14	11

Situation zur 374. und 375. Aufgabe

Als Teilnehmer-/in an einem Seminar über Zukunftsprobleme müssen Sie sich u.a. mit Problemen der wachsenden Weltbevölkerung befassen.

Grundzüge der Wirtschaftspolitik in der sozialen Marktwirtschaft

374. Aufgabe

Prüfen Sie, welche Interpretation sich aus der Grafik über die Weltbevölkerung <u>nicht</u> ableiten lässt.

1. Im Jahr 2100 werden in Asien und Afrika zusammen über 80 % der Weltbevölkerung leben.
2. Obwohl sich das durchschnittliche Wachstumstempo nach der Jahrtausendwende verlangsamt, nimmt die Gesamtzahl der Weltbevölkerung weiter zu.
3. Asien wird 2100 – wie im Jahr 2010 – der bevölkerungsreichste Erdteil sein.
4. Von 1950 bis 2010 hat sich die Weltbevölkerung mehr als verdoppelt.
5. Von 2010 bis 2100 wird die Weltbevölkerung um 10,12 Milliarden steigen.

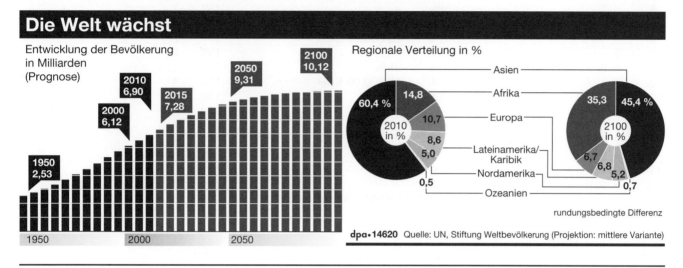

375. Aufgabe

Die internationalen Wirtschaftsverflechtungen nehmen zu.
Prüfen Sie, welche Feststellung auf die Auswirkung dieser Globalisierung zutrifft.

1. Die Produktion von Gütern wird in Länder verlagert, in denen die Lohnkosten niedrig sind. Dies führt i. d. R. zu einer Verschlechterung der Infrastruktur dieser Länder.
2. Die Auslandsinvestitionen von Unternehmen in Ländern mit hohen Lohnnebenkosten sind stark rückläufig.
3. Die Gefahr von internationalen wirtschaftlichen Krisen steigt durch gegenseitige Abhängigkeiten der Unternehmen.
4. In Ländern, in denen der Euro Zahlungsmittel ist, gelten die gleichen Preise für Güter- und Dienstleistungen.
5. Die Globalisierung verhindert durch die Zulieferbeziehungen über die Staatsgrenzen hinaus die internationale Arbeitsteilung.

376. Aufgabe

Die Geschäftsleitung des Unternehmens, in dem Sie angestellt sind, will verstärkt ökologische Ziele verwirklichen.
Prüfen Sie, welche Maßnahme dieser Zielsetzung i. d. R. <u>nicht</u> dient.

1. Für die Lagerung umweltgefährdender Stoffe wird mit hohen Kosten eine sichere Lagerhalle gebaut.
2. Der Versand von Produkten wird von betriebseigenen Lkw trotz höherer Kosten auf die Bahn verlagert.
3. Im Unternehmen werden zusätzliche Behälter für die Entsorgung von Altbatterien aufgestellt.
4. Zur Verminderung der Kosten für die Abfallbeseitigung wird von dem bisherigen zu einem kostengünstigeren Müllentsorger gewechselt.
5. Durch den Verzicht auf eine Werbekampagne werden weniger Plakate und Briefpapier benötigt und somit Kosten reduziert.

Grundzüge der Wirtschaftspolitik in der sozialen Marktwirtschaft

Lösungen

1. Grundlagen des Wirtschaftens

1.	3
2.	4
3.	1
4.	3
5.	4
6.	3
7.	5
8.	4
9.	35 Mrd. EUR
10.	2
11.	4, 5
12.	4, 1, 7
13.	3
14.	4
15.	5
16.	2
17.	4, 3
18.	5
19.	3, 2, 6
20.	4
21.	3

2. Rechtliche Rahmenbedingungen des Wirtschaftens

22.	4
23.	5
24.	3
25.	3, 6, 2
26.	3, 2
27.	2
28.	6, 2, 4, 1, 7, 5, 3
29.	4
30.	4
31.	2
32.	2
33.	1
34.	4
35.	3
36.	5
37.	5
38.	3
39.	3
40.	2
41.	4
42.	5
43.	5
44.	4
45.	5
46.	2
47.	2
48.	1
49.	2, 5
50.	2
51.	5
52.	4, 1
53.	5
54.	3
55.	3
56.	4
57.	4
58.	1
59.	2
60.	2
61.	5
62.	3
63.	3
64.	5
65.	5
66.	2
67.	4
68.	5
69.	4
70.	3
71.	25.000,00 EUR
72.	1 EUR
73.	25 %
74.	12.500,00 EUR
75.	4
76.	1
77.	2
78.	80.000,00 EUR
79.	5, 3
80.	4

3. Menschliche Arbeit im Betrieb

81.	3
82.	1
83.	2
84.	5
85.	1
86.	7, 3, 5
87.	4
88.	1
89.	1
90.	5
91.	3
92.	4
93.	30.11.
94.	4
95.	4
96.	3, 4
97.	4
98.	1
99.	5
100.	3
101.	2
102.	3
103.	2
104.	2
105.	3
106.	4
107.	4
108.	4
109.	5
110.	4
111.	5
112.	4
113.	5
114.	3
115.	1
116.	4
117.	200,55 EUR
118.	4
119.	3
120.	4
121.	3
122.	3
123.	3
124.	4
125.	1, 3, 6, 4, 5, 2
126.	4
127.	1, 4
128.	3
129.	5
130.	3
131.	2
132.	2
133.	21 Mitarbeiter
134.	2
135.	3
136.	1, 4
137.	4
138.	2
139.	4
140.	1
141.	4
142.	4
143.	3
144.	4
145.	5
146.	3, 5, 1
147.	2, 4, 1, 5, 3, 7, 6
148.	4
149.	5
150.	1
151.	2
152.	3, 1
153.	4
154.	4
155.	1, 3
156.	5
157.	3, 2
158.	5
159.	3
160.	4
161.	4
162.	5
163.	5, 7
164.	4
165.	4
166.	4
167.	3
168.	5
169.	2
170.	5
171.	4
172.	2
173.	5
174.	2
175.	1
176.	4
177.	5
178.	5, 3
179.	5
180.	4

4. Steuern

181.	3
182.	4
183.	5
184.	1
185.	5
186.	4
187.	5

188.	1	250.	8,88 %	312.	2, 6
189.	5	251.	5	313.	5
190.	3	252.	5	314.	4
191.	5	253.	4	315.	4
192.	2	254.	2	316.	4
193.	4	255.	5, 3	317.	3
194.	4	256.	4	318.	5
195.	5	257.	4	319.	5, 3
196.	59,47 EUR	258.	5	320.	6, 7, 2
197.	4	259.	4	321.	5
198.	3	260.	4	322.	4
199.	42.840,00 EUR	261.	3	323.	4
200.	10.663,00 EUR	262.	3	324.	2
		263.	2	325.	5
		264.	5	326.	72 %

6. Markt und Preis/Wirtschaftsordnung

		265.	4	327.	14 %
		266.	3	328.	1, 5
201.	5	267.	4	329.	1, 2, 2, 1
202.	4	268.	1	330.	5
203.	1	269.	4	331.	2
204.	4	270.	5	332.	2
205.	3	271.	3	333.	3
206.	4	272.	4	334.	4
207.	4	273.	3	335.	4
208.	4	274.	3	336.	5
209.	5	275.	5	337.	4
210.	4	276.	2	338.	2
211.	2	277.	5	339.	2
212.	5	278.	4	340.	4
213.	3	279.	2, 4	341.	2
214.	2	280.	3, 6	342.	4, 7
215.	4	281.	3	343.	3
216.	1			344.	5
217.	1			345.	4

6. Grundzüge der Wirtschaftspolitik in der sozialen Marktwirtschaft

218.	3			346.	4
219.	4			347.	5, 2
220.	1	282.	4	348.	4, 3, 1
221.	4	283.	1, 5, 8, 2	349.	2
222.	5	284.	6	350.	3
223.	2	285.	925 Mrd. EUR	351.	1
224.	5	286.	3	352.	2, 4
225.	3	287.	2	353.	4
226.	4	288.	4	354.	4
227.	5	289.	5	355.	3
228.	5, 3	290.	4	356.	5
229.	22 Mio. EUR	291.	4	357.	3
230.	120 Tsd. Stück	292.	3	358.	4
231.	180 Tsd. Stück	293.	4	359.	2
232.	100 Tsd. Stück	294.	4	360.	4
233.	3, 4	295.	4	361.	3
234.	4	296.	5	362.	4
235.	3	297.	3	363.	5
236.	4, 2, 7	298.	4	364.	1
237.	5, 2, 7	299.	2	365.	4
238.	3	300.	4	366.	3
239.	4	301.	4	367.	3
240.	4	302.	2	368.	5
241.	4	303.	2	369.	3, 2, 5
242.	2	304.	3	370.	5
243.	5	305.	5	371.	2
244.	5	306.	2	372.	1
245.	5	307.	5	373.	4
246.	3	308.	4	374.	5
247.	4	309.	3, 5	375.	3
248.	1	310.	3	376.	4
249.	2, 7, 5	311.	2		

Prüfungsübungssatz – Übung zur Abschlussprüfung

Wirtschafts- und Sozialkunde

36 Aufgaben
60 Minuten Prüfungszeit
100 Punkte

Bearbeitungshinweise:

1. Bevor Sie mit der Bearbeitung beginnen, prüfen Sie bitte, ob dieser Aufgabensatz die auf dem Deckblatt angegebene **Zahl von Aufgaben** enthält! Wenden Sie sich bei Unstimmigkeiten sofort an die Aufsicht! Reklamationen nach Schluss der Prüfung können nicht anerkannt werden.

2. Dem Aufgabensatz liegt ein **Lösungsbogen** zur Eintragung der Lösungen bei. Füllen Sie als Erstes dessen **Kopfleiste** aus! Tragen Sie Ihren Namen, Vornamen und die Prüfungsnummer ein! Verwenden Sie nur einen **Kugelschreiber**, drücken Sie dabei kräftig auf und schreiben Sie **deutlich**, da Ihnen bei unleserlichen Eintragungen Punkte verloren gehen!

3. Verwenden Sie den Lösungsbogen **nicht als Schreibunterlage** und kontrollieren Sie vor dem Abgeben des Lösungsbogens, ob Ihre Eintragungen auf der Durchschrift deutlich erscheinen (auch in der Kopfleiste)!

4. Die Aufgaben können in **beliebiger Reihenfolge** gelöst werden. Bei zusammenhängenden Aufgaben mit gemeinsamer Situationsvorgabe sollten Sie sich jedoch an die vorgegebene Reihenfolge halten.

5. Die Lösungskästchen für die auf einer Seite abgedruckten Aufgaben sind auf dem Lösungsbogen jeweils in einer Zeile angeordnet. Tragen Sie in die Lösungskästchen die Kennziffern der **richtigen** Antworten bzw. bei **Offen-Antwort-Aufgaben** die Lösungen, zumeist Lösungsbeträge, ein! Bei **Zuordnungs- und Reihenfolgeaufgaben** empfiehlt es sich, die Lösungsziffern zunächst in die hierfür vorgesehenen Kästchen im Aufgabensatz und erst dann in den Lösungsbogen von links nach rechts in der richtigen Reihenfolge einzutragen!

6. Die **Anzahl** der **richtigen** Lösungsziffern erkennen Sie an der Zahl der vorgedruckten Lösungskästchen.

7. Eine bereits eingetragene Lösungsziffer, die Sie **ändern** wollen, streichen Sie bitte deutlich durch; schreiben Sie die neue Lösungsziffer ausschließlich **unter** dieses Kästchen, niemals daneben oder darüber!

8. Als Hilfsmittel ist ein netzunabhängiger, nicht programmierbarer, geräuscharmer **Taschenrechner** zugelassen.

9. Soweit **Nebenrechnungen** oder andere Hilfsaufzeichnungen erforderlich sind, müssen diese in die entsprechenden Felder auf dem Nebenrechnungsformular eingetragen werden, da Ihnen sonst in Zweifelsfällen die Punkte für die betreffenden Aufgaben verloren gehen können.

Zur Bearbeitung der Aufgaben blättern Sie bitte um!

Sie sind Mitarbeiter/-in bei der Behrendt GmbH.
Einige Aufgaben beziehen sich auf das nachstehend beschriebene Unternehmen.

Name	Kleiderwerke Walter Behrendt GmbH Am Wetterhahn 25, 60437 Frankfurt	
Stammkapital		200.000,00 EUR
Gesellschafter	Walter Behrendt, Stammeinlage	100.000,00 EUR
	Egon Franck, Stammeinlage	60.000,00 EUR
	Hans Schäfer, Stammeinlage	40.000,00 EUR
Geschäftsführer	Walter Behrendt Francesco Bertini	
Prokurist	Klaus Wegner	
Geschäftsjahr	1. Januar–31. Dezember	
Bankverbindungen	Postbank AG, NL Frankfurt Konto 471118-602, BLZ 50010060 Frankfurter Sparkasse Konto 379213, BLZ 50050201	
Produkte	Herrenoberbekleidung	
Handelswaren	Hemden Krawatten	
Maschinen	Zuschneidetische und -maschinen Nähautomaten	
Fertigungsarten	Serienfertigung Sortenfertigung	
Stoffe – Rohstoffe – Hilfsstoffe – Betriebsstoffe	Kleiderstoffe, Futterstoffe Nähgarn, Knöpfe, Reißverschlüsse Strom, Heizöl, Wasser, Schmierstoffe	
Mitarbeiter	Kaufmännische Arbeitnehmer/-innen	40
	Gewerbliche Arbeitnehmer/-innen (davon unter 18 Jahren: 15)	210
	Auszubildende	12

Situation zur 1. und 2. Aufgabe:

Die Geschäftsleitung der Behrendt GmbH handelt nach ökonomischen und ökologischen Prinzipien.

1. Aufgabe

Prüfen Sie, welcher Vorgang dem ökonomischen Prinzip als Maximalprinzip entspricht.

1 Durch gezielte Preissenkungen soll das Sortiment so schnell wie möglich bereinigt werden.
2 Durch Angebotsvergleiche soll der günstigste Stofflieferant ermittelt werden.
3 Der Fuhrparkeinsatz wird so geplant, dass an jedem Tag möglichst viele Kunden beliefert werden können.
4 Der Werbeaufwand wird erhöht, um den Absatz auszuweiten.
5 Durch Just-in-time-Belieferung wird eine Senkung der Lagerkosten erreicht.

2. Aufgabe

Ordnen Sie zu, indem Sie die Kennziffern von **2** der insgesamt 6 Umweltschutzmaßnahmen in die Kästchen bei den Beispielen eintragen.

Umweltschutzmaßnahmen

1 Abfallbeseitigung
2 Recycling
3 Energieeinsparung
4 Abfalltrennung
5 Restmülldeponierung
6 Abfallvermeidung

Beispiele

Rücknahmegarantie für Verpackungen, die wieder verwendet werden.	☐
Die Getränkeautomaten in den Werkstätten erhalten eine Bedienungstaste für die Verwendung eigener Trinkgefäße	☐

3. Aufgabe

Als Mitarbeiter für den Außendienstbereich sollen Sie sich verstärkt mit Tätigkeiten beschäftigen, die dem dispositiven Faktor zuzuordnen sind.
Prüfen Sie, welche **2** Tätigkeiten zum dispositiven Faktor zählen.

1 Sortierung und Ablage der Umsatzstatistiken nach Außendienstmitarbeitern
2 Listenmäßige Erfassung der Kundenbesuche der Außendienstmitarbeiter
3 Koordinierung der monatlichen Gespräche über Werbemaßnahmen mit den Außendienstmitarbeitern
4 Berechnung der Provisionszahlungen an Außendienstmitarbeiter auf Grund von eingereichten Verkaufsnachweisen
5 Analyse von Gründen für den Umsatzrückgang im süddeutschen Raum
6 Listenmäßige Erfassung der Krankheitstage der Außendienstmitarbeiter

Situation zur 4. bis 8. Aufgabe

Als Mitarbeiter/in der Kleiderwerke Walter Behrendt GmbH haben Sie u. a. die Aufgabe Anfragen zu erstellen und Angebote zu bearbeiten. Am 6. September stellen Sie eine Anfrage über die Lieferung von 200 Seidenkrawatten an die Firma Armano. Am 10. September erhalten Sie ein verbindliches Angebot. Am 11. September bestellen Sie entsprechend dem Angebot. Am 13. September bestätigt die Firma Armano per Fax, dass sie die Bestellung mit der Morgenpost erhalten hat und sagt die Lieferung „fix" für den 20. September (Vormittag) zu. Bis 21. September sind die Krawatten noch nicht eingetroffen.

4. Aufgabe

Prüfen Sie, welche rechtliche Bedeutung die Anfrage hat.

1 Die Anfrage gilt als Bestellung, sofern die Firma Armano die Seidenkrawatten unverzüglich liefern kann.
2 Die Firma Armano ist verpflichtet, ein Angebot abzugeben.
3 Die Behrendt GmbH ist nach HGB zur Bestellung verpflichtet.
4 Die Behrendt GmbH ist in keiner Weise rechtlich gebunden.
5 Die Behrendt GmbH ist nur dann rechtlich nicht gebunden, wenn innerhalb einer Woche kein Angebot der Firma Armano eintrifft.

▶ ☐

5. Aufgabe

Prüfen Sie mithilfe des nachstehenden Auszuges aus den Allgemeinen Geschäftsbedingungen der Firma Armano, welche Feststellung über die Preise bzw. Zahlungsbedingungen zutrifft.

1 Die Verpackungskosten sind im Preis enthalten.
2 Für die Zahlung innerhalb von acht Tagen können 3% Skonto abgezogen werden.
3 Eine Aufrechnung von berechtigten Forderungen, die der Kunde an den Lieferer hat, ist möglich.
4 Der Lieferer trägt die Verpackungskosten.
5 Vom Lieferer werden die Gebühren für die Einlösung von Schecks übernommen.
6 Der Käufer kann keinesfalls mit eigenen Forderungen aufrechnen.

▶ ☐

Armano – OHG –

Allgemeine Geschäftsbedingungen (Auszug)

§ 2 Preise und Zahlungsbedingungen

a) Die Preise gelten bei Lieferung ab Werk ausschließlich Verpackung.
b) Die Zahlungen sind ohne jeden Abzug frei Zahlstelle des Lieferers zu leisten.
c) Der Besteller kann nur mit solchen Forderungen aufrechnen, die unbestritten oder rechtskräftig festgestellt sind.

---

6. Aufgabe

Welches Recht würden Sie geltend machen, wenn die Seidenkrawatten sofort bei einem anderen Lieferanten billiger zu bekommen sind?

1 Vom Vertrag zurücktreten.
2 Verzicht auf Lieferung und Schadenersatz für den Preisunterschied beim Deckungskauf verlangen.
3 Auf Lieferung bestehen und Schadenersatz für entgangenen Gewinn fordern.
4 Lieferung ablehnen und nur Schadenersatz für entgangenen Gewinn fordern.
5 Weitere Nachfrist setzen.

▶ ☐

---

7. Aufgabe

Stellen Sie fest, an welchem Tag der Kaufvertrag rechtswirksam zustande gekommen ist.

Tragen Sie das Datum in das Kästchen ein.

Tag	Monat

---

8. Aufgabe

Stellen Sie fest, an welchem Tag die Behrendt GmbH wegen nicht vertragsgemäß erbrachter Leistung frühestens vom Vertrag zurücktreten und gegebenenfalls Schadenersatz verlangen kann.

Tragen Sie das Datum in das Kästchen ein.

Tag	Monat

---

9. Aufgabe

Prüfen Sie, welche Feststellung über die Gesellschaftsverhältnisse der Firma Behrendt zutrifft.

1 Die Gewinnverteilung lt. HGB beträgt 4 % auf die Geschäftsanteile der Gesellschafter. Der Rest wird nach Köpfen verteilt.
2 Das Stammkapital muss mindestens 100.000,00 EUR betragen.
3 Die Stammeinlage muss mindestens 1.000,00 EUR betragen.
4 Bei einer Gewinnverteilung nach Geschäftsanteilen erhält Walter Behrendt 50 % des Gewinns.
5 Der Geschäftsführer Bertini hat nach der gesetzlichen Regelung den gleichen Gewinnanspruch wie die Gesellschafter.
6 Der Geschäftsführer Bertini vertritt die Firma Behrendt gemeinsam mit dem Prokuristen Wegner.

▶ ☐

10. Aufgabe

Stellen Sie fest, mit welchem Betrag der Gesellschafter Franck bei einer Insolvenz haftet.

Tragen Sie die Haftungssumme (ganze Zahl) in das Kästchen ein.

EUR
☐☐☐☐

11. Aufgabe

Aus der Gehaltsabrechnung eines Angestellten der Behrendt GmbH, Max Schulze, liegen folgende Daten vor:

Bruttogehalt	2.560,00 EUR
Lohnsteuer	436,00 EUR
Kirchensteuer 9%	
Solidaritätszuschlag 5,5%	
Sozialversicherungsbeiträge (Arbeitnehmeranteil)	510,00 EUR
Sonstige Abzüge: Pfändungen	100,00 EUR

Berechnen Sie den Auszahlungsbetrag.

Komma
EUR ↓ Ct.
☐☐☐ | ☐☐

12. Aufgabe

Ordnen Sie zu, indem Sie die Kennziffern der Daten von Max Schulze in die Kästchen bei den Beispielen eintragen.

Daten

1. Stammdaten
2. Bewegungsdaten

Beispiele

Personalnummer ☐

Steuerklasse ☐

Urlaubstermine ☐

Arbeitsstunden ☐

Krankenkasse ☐

Bankenverbindung ☐

13. Aufgabe

Stellen Sie fest, welche **2** Aufwendungen Max Schulze als Sonderausgaben geltend machen kann.

1 Gezahlte Kirchensteuer
2 Aufwendungen für Berufskleidung
3 Beiträge zu Berufsverbänden
4 Aufwendungen für eine Stellensuchanzeige
5 Spenden zur Förderung mildtätiger Zwecke
6 Aufwendungen für Fahrten zwischen Wohnung und Arbeitsstätte

▶ ☐
▶ ☐

14. Aufgabe

Prüfen Sie, welche **2** Feststellungen über die Beitragsbemessungsgrenze in der Sozialversicherung zutreffen.

1 Wer mit seinem Einkommen über der Beitragsbemessungsgrenze liegt, verliert den Anspruch auf den Arbeitgeberanteil zur Sozialversicherung.
2 Sie ist der Betrag, von dem der Beitrag höchstens berechnet wird, auch wenn der Arbeitnehmer mit seinem Einkommen über der Beitragsbemessungsgrenze liegt.
3 Von der Beitragsbemessungsgrenze wird für jeden Angestellten der Beitragsanteil zur Rentenversicherung berechnet.
4 Die Beitragsbemessungsgrenze ist für alle Sozialversicherungszweige gleich hoch.
5 Die Beitragsbemessungsgrenzen in der Renten- und in der Arbeitslosenversicherung sind gleich hoch.

▶ ☐
▶ ☐

Situation zur 15. und 16. Aufgabe

Da Frau Rosi Mauth, kaufmännische Angestellte, 28 Jahre, seit drei Jahren bei der Behrendt GmbH beschäftigt, in den letzten Monaten mehrmals unentschuldigt der Arbeit ferngeblieben ist, schlägt die Leiterin der Personalabteilung am 8. Mai vor, der Mitarbeiterin zu kündigen.

Frau Mauth hat von der beabsichtigten Kündigung erfahren. Da sie ein neues Stellenangebot hat, will sie am 14. Mai ihr Arbeitsverhältnis selbst kündigen. Ihnen liegt der abgebildete § 622 BGB vor.

> **BGB (Auszug)**
>
> **§ 622. [Kündigungsfrist bei Arbeitsverhältnissen]** (1) Das Arbeitsverhältnis eines Arbeiters oder eines Angestellten (Arbeitnehmers) kann mit einer Frist von vier Wochen zum Fünfzehnten oder zum Ende eines Kalendermonats gekündigt werden.
>
> (2) [1]Für eine Kündigung durch den Arbeitgeber beträgt die Kündigungsfrist, wenn das Arbeitsverhältnis in dem Betrieb oder Unternehmen
> 1. zwei Jahre bestanden hat, einen Monat zum Ende eines Kalendermonats,
> 2. fünf Jahre bestanden hat, zwei Monate zum Ende eines Kalendermonats,
> 3. acht Jahre bestanden hat, drei Monate zum Ende eines Kalendermonats,
> 4. zehn Jahre bestanden hat, vier Monate zum Ende eines Kalendermonats,
> 5. zwölf Jahre bestanden hat, fünf Monate zum Ende eines Kalendermonats,
> 6. fünfzehn Jahre bestanden hat, sechs Monate zum Ende eines Kalendermonats,
> 7. zwanzig Jahre bestanden hat, sieben Monate zum Ende eines Kalendermonats.
>
> [1]Bei der Berechnung der Beschäftigungsdauer werden Zeiten, die vor der Vollendung des fünfundzwanzigsten Lebensjahres des Arbeitnehmers liegen, nicht berücksichtigt.

15. Aufgabe

Prüfen Sie, zu welchem Termin Frau Mauth frühestens gekündigt werden kann.

Tragen Sie das Datum in die Kästchen ein.

Tag	Monat

---

16. Aufgabe

Stellen Sie fest, wann Frau Mauth die neue Stelle frühestens antreten kann, wenn sie selbst kündigt.

Tragen Sie das Datum in die Kästchen ein.

Tag	Monat

---

17. Aufgabe

Ein Auszubildender der Behrendt GmbH will sein Ausbildungsverhältnis vorzeitig kündigen.
Prüfen Sie, ob dies möglich ist.

1 Ja, aber nur während der Probezeit
2 Ja, aber nur im ersten Ausbildungsjahr
3 Ja, wenn dies im Berufsausbildungsvertrag schriftlich vereinbart war
4 Ja, wenn die Berufsausbildung aufgegeben wird bzw. beim Wechsel in eine andere Berufsausbildung
5 Nein, eine Kündigung des Ausbildungsverhältnisses ist nach der Probezeit nicht mehr möglich.

▶ ☐

Situation zur 18. und 19. Aufgabe

Auf der Tagesordnung der nächsten Betriebsratssitzung stehen folgende Punkte:

1. Einführung und Anwendung von neuen Entlohnungsmethoden
2. Festsetzung von Akkord- und Prämiensätzen
3. Einrichtung von Betriebsunterricht für die Auszubildenden

18. Aufgabe

Entscheiden Sie unter Berücksichtigung folgender Auszüge aus dem Betriebsverfassungsgesetz, welche **2** Feststellungen über die Teilnahme und das Stimmrecht der Jugend- und Auszubildendenvertretung zutreffen.

Dritter Teil. Jugend- und Auszubildendenvertretung

Erster Abschnitt, Betriebliche Jugend- und Auszubildendenvertretung

§ 60. Einrichtung und Aufgabe. (1) In Betrieben mit in der Regel mindestens fünf Arbeitnehmern, die das 18. Lebensjahr noch nicht vollendet haben (jugendliche Arbeitnehmer) oder die zu ihrer Berufsausbildung beschäftigt sind und das 25. Lebensjahr noch nicht vollendet haben, werden Jugend- und Auszubildendenvertretungen gewählt.

§ 62. Zahl der Jugend- und Auszubildendenvertreter, Zusammensetzung der Jugend- und Auszubildendenvertretung. (1) Die Jugend- und Auszubildendenvertretung besteht in Betrieben mit in der Regel
    5 bis 20 der in § 60 Abs. 1 genannten Arbeitnehmern aus einer Person,
    21 bis 50 der in § 60 Abs. 1 genannten Arbeitnehmern aus 3 Mitgliedern,
    51 bis 150 der in § 60 Abs. 1 genannten Arbeitnehmern aus 5 Mitgliedern,
    151 bis 300 der in § 60 Abs. 1 genannten Arbeitnehmern aus 7 Mitgliedern,
    301 bis 500 der in § 60 Abs. 1 genannten Arbeitnehmern aus 9 Mitgliedern,
    501 bis 700 der in § 60 Abs. 1 genannten Arbeitnehmern aus 11 Mitgliedern,
    701 bis 1000 der in § 60 Abs. 1 genannten Arbeitnehmern aus 13 Mitgliedern,
    mehr als 1000 der in § 60 Abs. 1 genannten Arbeitnehmern aus 15 Mitgliedern,

§ 67. Teilnahme an Betriebsratssitzungen. (1) Die Jugend- und Auszubildendenvertretung kann zu allen Betriebsratssitzungen einen Vertreter entsenden. Werden Angelegenheiten behandelt, die besonders die in § 60 Abs. 1 genannten Arbeitnehmer betreffen, so hat zu diesen Tagesordnungspunkten die gesamte Jugend- und Auszubildendenvertretung ein Teilnahmerecht.
(2) Die Jugend- und Auszubildendenvertreter haben Stimmrecht, soweit die zu fassenden Beschlüsse des Betriebsrats überwiegend die in § 60 Abs. 1 genannten Arbeitnehmer betreffen.

---

1. Die Jugend- und Auszubildendenvertretung kann ihren stimmberechtigten Vorsitzenden zu der Betriebsratssitzung entsenden.
2. Drei Jugend- und Auszubildendenvertreter können mit beratender Stimme an der Sitzung zu Tagesordnungspunkt 3 teilnehmen.
3. Sieben Jugend- und Auszubildendenvertreter können an der gesamten Betriebsratssitzung mit beratender Stimme teilnehmen.
4. Alle Jugend- und Auszubildendenvertreter haben zu Punkt 3 der Tagesordnung Teilnahme- und Stimmrecht.
5. Die Jugend- und Auszubildendenvertretung hat nur Teilnahme- und Stimmrecht, wenn sie das vor der Sitzung beim Betriebsrat beantragt hat.
6. Bei allen Betriebsratssitzungen kann ein Vertreter der Jugend- und Auszubildendenvertretung teilnehmen.

▶ ☐
▶ ☐

---

19. Aufgabe

Der Betriebsrat hat neun Mitglieder.
Mit wie vielen Mitgliedern kann die Jugend- und Auszubildendenvertretung an der Betriebsratssitzung teilnehmen?

Tragen Sie die Zahl in das Kästchen ein.

Mitglieder
☐

---

20. Aufgabe

Alle Arbeitnehmer der Behrendt GmbH werden ordnungsgemäß zu den Sozialversicherungen angemeldet. Damit wird sichergestellt, dass die Arbeitnehmer im Versicherungsfall vom Versicherungsträger die ihnen zustehenden Leistungen erhalten. Welche Leistungen werden von der Sozialversicherung erbracht?
Ordnen Sie zu, indem Sie die Kennziffern von **3** der insgesamt 7 aufgeführten Leistungen in die Kästchen bei den Sozialversicherungsträgern eintragen.

Leistungen

1. Umschulung wegen Berufsunfähigkeit nach einem Arbeitsunfall
2. Mutterschaftshilfe
3. Altersruhegeld
4. Rente wegen vorzeitiger Erwerbsunfähigkeit
5. Kurzarbeitergeld
6. Hinterbliebenenrente
7. Berufsunfähigkeitsrente nach einem Autounfall im Urlaub

Sozialversicherungsträger

Bundesagentur für Arbeit ☐

Berufsgenossenschaft ☐

Krankenkassen ☐

---

21. Aufgabe

Ihnen liegen die nachstehenden Zahlen über die wirtschaftliche Entwicklung in einem EU-Land vor.

	Vergleichsjahre		
	I	II	III
Arbeitslosenquote	10,8 %	9,5 %	8,6 %
Inflationsrate	1,8 %	2,0 %	2,1 %
Wirtschaftswachstum	1,2 %	2,4 %	2,9 %

Stellen Sie fest, wie die Konjunkturentwicklung im Vergleichsjahr III am treffendsten bezeichnet werden kann.

[1] Boom/Höchststand
[2] Rezession/Abschwung
[3] Depression/Tiefststand
[4] Stagnation/Stillstand
[5] Expansion/Aufschwung

22. Aufgabe

Der für die Behrendt GmbH geltende Tarifvertrag enthält u. a. folgende Vereinbarung: „Die regelmäßige Arbeitszeit beträgt ohne Pausen 38 Stunden in der Woche. Betrieblich kann eine kürzere Arbeitszeit vereinbart werden."
Prüfen Sie, welche Bedeutung diese Vereinbarung hat.

[1] Zwischen der Behrendt GmbH und den Arbeitnehmern dürfen weder günstigere noch ungünstigere Arbeitsbedingungen vereinbart werden.
[2] Überstunden gegen besondere Vergütung sind grundsätzlich ausgeschlossen.
[3] Die Lohn- und Gehaltsvereinbarungen beziehen sich grundsätzlich auf eine 38-Stunden-Woche.
[4] Bei Vereinbarung einer kürzeren Arbeitszeit müssen grundsätzlich 38 Lohnstunden vergütet werden.
[5] Es darf auf keinen Fall länger als 38 Stunden pro Woche gearbeitet werden.

Situation zur 23. und 24. Aufgabe

Das abgebildete Diagramm zeigt die Angebots- und Nachfragesituation für hochwertige Herrensakkos aus echtem Leder der Behrendt GmbH.

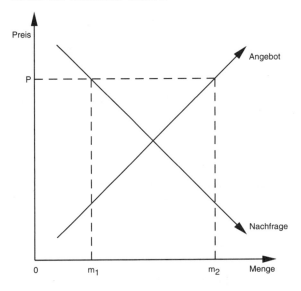

23. Aufgabe

Welche zutreffende Interpretation lässt sich aus der Grafik ableiten?

[1] Zum Preis P wird das gesamte Angebot abgesetzt.
[2] Zum Preis P kann die Menge m_1 abgesetzt werden.
[3] Zum Preis P kann die Menge m_2 abgesetzt werden.
[4] Zum Preis P besteht kein Angebot.
[5] Beim Preis P herrscht Marktgleichheit.

24. Aufgabe

Angenommen die Nachfragekurve verschiebt sich bei gleich bleibendem Angebot nach links.
Beurteilen Sie, worauf diese Verschiebung zurückgeführt werden kann.

1. Der Preis für hochwertige Herrensakkos aus Stoff (Substitutionsgut) ist gestiegen.
2. Die Sparquote der Käufer von Herrensakkos ist gesunken.
3. Durch Senkung der Einkommensteuer ist auch das verfügbare Einkommen der Käufer von Herrensakkos gestiegen.
4. Die Tierschutzvereine protestieren erfolgreich gegen die Verwendung von echtem Leder bei der Herstellung von Damen- und Herrenbekleidung.
5. Im Zuge der Rationalisierung der Fertigung sind die Preise für Ledersakkos gesenkt worden.

25. Aufgabe

Auf einem Markt mit vollkommenem Wettbewerb ist die Nachfrage kleiner geworden als das vorhandene Angebot. Welche Reaktion der Anbieter ist zu erwarten?

1. Die Anbieter werden die Werbung einschränken.
2. Die Anbieter werden den Preis erhöhen.
3. Die Anbieter werden den Preis senken.
4. Die Anbieter werden die Produktion erhöhen.
5. Die Anbieter werden die Produktion senken und die Preise erhöhen.

26. Aufgabe

Stellen Sie fest, in welchem Fall eine Wettbewerbsstörung im System der sozialen Marktwirtschaft vorliegt.

1. Für die Berufsschüler werden bei öffentlichen Verkehrsmitteln niedrigere Tarife eingeführt.
2. Der Staat bzw. die Regierung verwendet Steuermittel, um eine Strukturkrise in der Textilindustrie zu beheben.
3. Vier große Tankstellenbetreiber erhöhen zur gleichen Zeit die Preise für ihre Produkte um den gleichen Prozentsatz.
4. Durch eine Verordnung des Wirtschaftsministers wird die Einfuhr von Seidenstoffen aus asiatischen Ländern zeitweise eingeschränkt.
5. Ein Unternehmer bietet sein Produkt zu einem erheblich niedrigeren Preis als die Konkurrenz an.

27. Aufgabe

Durch wirtschafts- und steuerpolitische Maßnahmen der Bundesregierung soll die Konjunkturentwicklung positiv beeinflusst werden.
Stellen Sie fest, in welcher Zeile alle vier Maßnahmen konjunkturfördernd wirken.

	Abschreibungssätze	staatliche Investitionen	Steuern	Staatsverschuldung
1	erhöhen	erhöhen	senken	erhöhen
2	senken	erhöhen	erhöhen	erhöhen
3	erhöhen	senken	senken	senken
4	senken	senken	erhöhen	senken
5	erhöhen	erhöhen	senken	senken

28. Aufgabe

Ihnen liegt folgende Grafik über das Bruttoinlandsprodukt (BIP) in Deutschland vor.

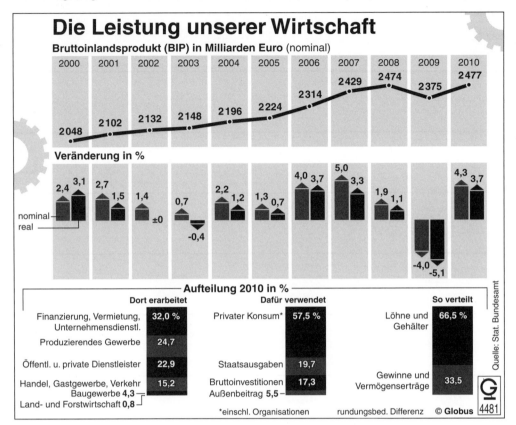

Die Leistung unserer Wirtschaft
Bruttoinlandsprodukt (BIP) in Milliarden Euro (nominal)

2000	2001	2002	2003	2004	2005	2006	2007	2008	2009	2010
2048	2102	2132	2148	2196	2224	2314	2429	2474	2375	2477

Veränderung in %

nominal / real: 2,4 / 3,1 | 2,7 / 1,5 | 1,4 / ±0 | 0,7 / -0,4 | 2,2 / 1,2 | 1,3 / 0,7 | 4,0 / 3,7 | 5,0 / 3,3 | 1,9 / 1,1 | -4,0 / -5,1 | 4,3 / 3,7

Aufteilung 2010 in %

Dort erarbeitet		Dafür verwendet		So verteilt	
Finanzierung, Vermietung, Unternehmensdienstl.	32,0 %	Privater Konsum*	57,5 %	Löhne und Gehälter	66,5 %
Produzierendes Gewerbe	24,7				
Öffentl. u. private Dienstleister	22,9	Staatsausgaben	19,7		
Handel, Gastgewerbe, Verkehr	15,2	Bruttoinvestitionen	17,3	Gewinne und Vermögenserträge	33,5
Baugewerbe 4,3		Außenbeitrag 5,5			
Land- und Forstwirtschaft 0,8					

*einschl. Organisationen rundungsbed. Differenz © Globus 4481

Quelle: Stat. Bundesamt

Berechnen Sie, um wie viel Prozent die Wirtschaft vom Jahr 2005 bis zum Jahr 2010 nominal gewachsen ist.

Tragen Sie das abgerundete Ergebnis in die Kästchen ein.

%

---

29. Aufgabe

Zu den wesentlichen Zielen der Wirtschaftspolitik („magisches Viereck") zählt die Vollbeschäftigung. Welche **3** anderen wirtschaftspolitischen Ziele gehören zum „magischen Viereck"?

1. Gewinnmaximierung, freie Wechselkurse, Sicherung der Kaufkraft
2. Sicherung der Realeinkommen, gerechte Vermögensverteilung, außenwirtschaftliches Gleichgewicht
3. Außenwirtschaftliches Gleichgewicht, angemessenes Wirtschaftswachstum, Stabilität des Preisniveaus
4. Angemessenes Wirtschaftswachstum, feste Wechselkurse, Preisstabilität
5. Sicherung der Kaufkraft, angemessenes Wirtschaftswachstum, Steuergerechtigkeit

30. Aufgabe

Bringen Sie die folgenden Begriffe eines typischen Konjunkturverlaufs in die richtige Reihenfolge, indem Sie die Ziffern 1 bis 6 in die Kästchen eintragen.

Beginnen Sie mit der Rezession.

Rezession ☐

Oberer Wendepunkt ☐

Boom ☐

Unterer Wendepunkt ☐

Aufschwung ☐

Depression ☐

31. Aufgabe

Prüfen Sie, welcher wirtschaftliche Tatbestand für die Phase des Konjunkturaufschwungs typisch ist.

[1] Die Nachfrage der Unternehmen nach Krediten geht zurück.
[2] Viele Unternehmen melden einen Anstieg ihres Lagerbestandes.
[3] Zum Vergleichsmonat des Vorjahres melden die Arbeitsämter eine Zunahme beim Arbeitskräfteangebot.
[4] Die Lieferzeit für fast sämtliche inländischen Autotypen beträgt über sechs Monate. Fast ebenso lange Lieferfristen melden die übrigen Wirtschaftsbereiche.
[5] Die Banken melden im Vergleich zum Vorjahresmonat einen erheblichen Anstieg der Spareinlagen der Privatkunden.

▶ ☐

Situation zur 32. und 33. Aufgabe

Ihnen liegt folgende Grafik vor, die Sie für einen Bericht auswerten sollen.

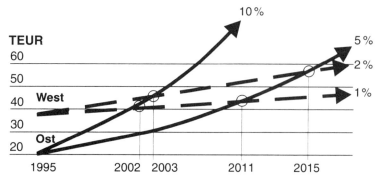

Bruttoinlandsprodukt je Erwerbstätigem in Tausend EUR bei unterschiedlichem Wachstum

Prüfungsübungssatz: Wirtschafts- und Sozialkunde

32. Aufgabe

Prüfen Sie, welche Feststellung zur Entwicklung des Bruttoinlandsprodukts je Erwerbstätigem in West- und Ostdeutschland den Angaben der Grafik entspricht.

1. Unabhängig vom wirtschaftlichen Wachstum im Osten wird das Bruttoinlandsprodukt im Jahr 2011 in West und Ost gleich sein.
2. Wenn das wirtschaftliche Wachstum im Westen um 2 % steigt und im Osten um 10 %, ist das Bruttoinlandsprodukt je Erwerbstätigem im Jahr 2015 in Ost und West gleich.
3. Es dauert bis zum Jahr 2015, bis der Osten das Niveau des Westens beim Bruttoinlandsprodukt je Erwerbstätigem erreicht, sofern das wirtschaftliche Wachstum im Osten bei 5 % und im Westen bei 2 % liegt.
4. Im Jahr 2015 liegt das Bruttoinlandsprodukt je Erwerbstätigem in Ost und West über 60.000,00 EUR.
5. Über 50.000,00 EUR wird das Bruttoinlandsprodukt je Erwerbstätigem auch bei Steigerung des wirtschaftlichen Wachstums in Ost und West nicht steigen.

▶ ☐

33. Aufgabe

Prüfen Sie, um wie viel Prozent die Wirtschaft in den sogenannten neuen Bundesländern wachsen muss, damit zum frühestmöglichen Zeitpunkt das Bruttoinlandsprodukt der Erwärbstätigen in Ost und West gleich groß ist.

Tragen Sie das Ergebnis in das Kästchen ein.

%
☐

34. Aufgabe

Die Europäische Zentralbank (EZB) hat in der Europäischen Wirtschafts- und Währungsunion (EWWU) wichtige Aufgaben von den nationalen Zentralbanken übernommen.
In welcher Zeile sind die Aufgaben und das vorrangige Ziel der EZB zutreffend angegeben?

	Wirtschafts- und finanzpolitischer Aufgabenbereich der EZB	Vorrangiges Ziel der EZB
1	Finanzpolitik	Hohes Beschäftigungsniveau
2	Haushaltspolitik	Preisstabilität
3	Strukturpolitik	Ständiges Wirtschaftswachstum
4	Geldpolitik	Preisstabilität
5	Wettbewerbspolitik	Soziale Sicherheit
6	Finanzpolitik	Ständiges Wirtschaftswachstum
7	Geldpolitik	Hohes Beschäftigungsniveau

▶ ☐

35. Aufgabe

Stellen Sie fest, in welchen **2** Zeilen Maßnahmen der Bundesregierung und der Europäischen Zentralbank (EZB) angegeben sind, die jeweils zur Konjunkturbelebung beitragen können.

	Maßnahmen der Bundesregierung	Maßnahmen der Europäischen Zentralbank
1	Senkung der Abschreibungssätze für Investitionsgüter	Angebot von Wertpapierpensionsgeschäften zu niedrigeren Zinssätzen
2	Senkung der Einkommensteuer	Einschränkung von Wertpapierpensionsgeschäften
3	Senkung des Grundfreibetrages bei der Einkommensteuer	Senkung der Mindestreservesätze
4	Erhöhte Kreditaufnahme zur Finanzierung von Staatsaufträgen	Senkung der Zinssätze bei Offenmarktgeschäften
5	Erhöhte Nettokreditaufnahme zur Finanzierung der Steuerreform	Erhöhung der Mindestreservesätze
6	Erhöhung der Abschreibungssätze für Investitionsgüter	Kauf von Wertpapieren von Kreditinstituten
7	Erhöhte Schuldentilgung aus Haushaltmitteln	Erhöhung der Zinssätze bei Offenmarktgeschäften

▶ ☐
▶ ☐

Situation zur 36. Aufgabe

In einem Radiokommentar hören Sie u. a., dass wieder etwas Gelassenheit in die Finanzmärkte eingekehrt ist. Enttäuschende Konjunktur- und Stimmungsindikatoren haben die Angst vor steigenden Zinsen in Amerika etwas relativiert. Ökonomische Daten weisen darauf hin, dass die amerikanische Wirtschaft an Dynamik einbüßt, was allgemein begrüßt wird. Denn je moderater Amerikas Wirtschaft wächst, desto maßvoller dürfte auch die amerikanische Zentralbank (Fed) ihre Zinswende gestalten.

36. Aufgabe

Prüfen Sie, welche Interpretation auf diese Meldung zutrifft.

1. Die amerikanische Wirtschaft hat an Dynamik stark zugenommen; das hat fallende Zinsen zur Folge.
2. Die Angst vor steigenden Zinsen in Amerika ist unbegründet, da Amerikas Wirtschaft sich in einer Rezession befindet.
3. Die Zinsen in Amerika und damit auch in Europa werden stark steigen, da die amerikanische Wirtschaft sich in einer Abschwungphase befindet.
4. Die amerikanische Zentralbank wird Zinserhöhungen nur in geringem Umfang vornehmen, da die amerikanische Wirtschaft an Dynamik einbüßt.
5. Die Konjunkturindikatoren weisen darauf hin, dass die amerikanische Zentralbank die Zinssätze stark erhöhen wird.

Lösungen zum Prüfungsübungssatz

1.	3	13.	1, 5	25.	3
2.	2, 6	14.	2, 5	26.	3
3.	3, 5	15.	30. 06.	27.	1
4.	4	16.	16. 06	28.	11 %
5.	3	17.	4	29.	3
6.	1	18.	4, 6	30.	1, 6, 5, 3, 4, 2
7.	13. 09.	19.	3 Mitglieder	31.	4
8.	20. 09.	20.	5, 1, 2	32.	3
9.	4	21.	5	33.	10 %
10.	60.000,00 EUR	22.	3	34.	4
11.	1.450,78 EUR	23.	2	35.	4, 6
12.	1, 1, 2, 2, 1, 1	24.	4	36.	4

Bewertung der Prüfungsleistungen

Insgesamt **100 Punkte**, d. h. **je Aufgabe 2,7777 Punkte**

Teilbewertung

bei den Aufgaben 2., 3., 12., 13., 14., 18., 20., 30., 35.,
d. h. von der vollen Punktzahl je Aufgabe gibt es den Anteil entsprechend der richtigen Teillösungen.

Beispiel: 20. Aufgabe, 3 Teillösungen, davon 2 richtig $= \dfrac{2,7777 \times 2}{3} = 1,8518$ Punkte

Globalbewertung

Bei den übrigen Aufgaben, d. h. je richtige Lösung gibt es 2,7777 Punkte.

Note für das Prüfungsfach Wirtschafts- und Sozialkunde

	100–92 Punkte:	Note 1 (sehr gut)
unter	92–81 Punkte:	Note 2 (gut)
unter	81–67 Punkte:	Note 3 (befriedigend)
unter	67–50 Punkte:	Note 4 (ausreichend)
unter	50–30 Punkte:	Note 5 (mangelhaft)
unter	30– 0 Punkte:	Note 6 (ungenügend)

Sachwortverzeichnis

Die Zahlen hinter dem Sachwort weisen auf die Aufgabennummer hin.